중국 사상과
대안 근대성

이 저서는 2007년도 정부(교육과학기술부)의 재원으로 한국연구재단의 지원을 받아 출판되었음.
(NRF-2007-361-AM0059)

중국 사상과 대안 근대성
왕후이의『근대 중국 사상의 흥기』읽기와 쓰기

초판 1쇄 발행 | 2017년 5월 30일

지은이 | 이종민
펴낸이 | 조미현

편집주간 | 김현림
책임편집 | 류현수
교정교열 | 남은영
디자인 | 유보람, 임영수

펴낸곳 | (주)현암사
등록 | 1951년 12월 24일 제10-126호
주소 | 04029 서울시 마포구 동교로12안길 35
전화 | 365-5051 · 팩스 | 313-2729
전자우편 | editor@hyeonamsa.com
홈페이지 | www.hyeonamsa.com

부산대학교 인문학연구소 © 2017
ISBN 978-89-323-1849-3 93150

06

우리시대 고전읽기
질 문 총 서

중국 사상과 대안 근대성

왕후이의
『근대 중국 사상의 흥기』 읽기와 쓰기

이종민 지음

차례

여는 글　중국의 재발견과 대안 근대성

금세기에 들면서 '21세기는 중국의 세기'라는 말이 회자된 적이 있었다. 당시는 이에 대해 반신반의하는 분위기였다. 하지만 2008년 미국 금융위기 이후 중국이 G2의 반열에 오르면서 세계는 더 이상 이 말을 의심하지 않는다. 미국의 경제발전 원리인 워싱턴 컨센서스에 맞서 베이징 컨센서스가 대두되었고, 중국이 지배하면 세계가 어떻게 변할 것인지에 대한 예측이 나왔으며, 더 나아가 중국의 사회 실험이 신자유주의의 대안 세계를 창출할 것이라는 기대감이 표출되고 있다.

경제적 측면에서 중국 이전에 일본이 세계경제 2위의 대국으로 부상해 미국의 패권질서에 도전한 역사가 있었다. 그러나 일본의 도전은 미국이 파놓은 투키디데스의 함정(패권국과 급부상한 신흥 강국의 무력 충돌을 일컫는다)인 플라자 합의에 걸려 곧바로 장기침체에 빠져버렸다. 일본을 추월해 세계경제 2위의 대국으로 부상한 중국은 2016년 국내총생산GDP이 미국의 63% 수준에 도달했으며, 매년 약 6.5%씩 성장한다면 2020년대 말에는 미국을 추월할 전망이다. 이러한 예측은 중국이 이미 미국의 투키디데스의 함정에서 벗어나 안정적인 궤도에 진입했다는 점을 시사한다.

문명사적 차원에서 볼 때 중국의 부상이 일본과 다른 점을 꼽으라면 무엇보다 서구 중심적인 패권질서를 넘어서는 대안 세계를 모색한다는 것이다. 일본은 낙후한 아시아를 벗어나 서구 유럽 문명의 일원이 되는 '탈아입구脫亞入歐'를 목표로 삼아 독자적인 세계질서나 대안 담론을 추구하지는 않았다. 그래서 일본의 부상은 이른바 일본 위협론을 동반하지 않았을 뿐 아니라 미일동맹의 우산 속에서 진행되어 자본주의 진영의 수호자로 간주되었다.

최근 중국 지식계에서 '중국의 재발견과 대안 근대성'에 관한 문제가 뜨거운 쟁점이 되고 있다. 물론 국제 학술계에서 중국의 재발견 문제는 폴 코헨의 『중국 근대사의 재발견: 미국의 중국 근대사 연구Discovering History in China: American Historical Writing on the Recent Chinese Past』에서 지적하듯이 미국 역사학계에서 먼저 시작되었다. 60년대 말 이래 베트남전쟁, 워터게이트사건, 석유파동 등이 연속되면서 미국이 전 세계의 정치, 도덕, 문화의 우월한 표준이라는 신화가 깨짐에 따라, 미국 역사학자들은 서구식 표준과 중요성에 대한 기준을 포기하고 서양이 아닌 중국의 역사적 경험에 기초하여 중국을 재발견하기 위한 역사 서술을 모색하였다.

중국 내부적으로 볼 때도 중국의 재발견 문제는 최근에 시작된 쟁점은 아니다. 만청晚淸 이래 중서체용, 동서문화, 과학현학 논쟁에서 80년대 문화열文化熱에 이르기까지 중국은 줄곧 세계 속에서 중국의 위치를 재인식하고 중서문화 논쟁을 바탕으로 한 문화정치를 통해 그 출로를 모색했다. 그러나 이러한 역사적 연속성을 감안하더라도 최근의 논쟁은 과거와 사뭇 다른 목표를 향해가고 있다. 과거의 논쟁이 전반적 서구화의 흐름 속에서 중국의 낙후성을 극복하기 위한 방안을 추구하는 것이었다면, 지금은 서구 자본주의와 현대화의 길을 넘어 전통 자원을 통한 대안 근대성의 가능성을 탐색하기 때문이다.

현재 중국 지식계는 정치와 경제에서 사상, 문화 영역에 이르기까지 신자유주의의 대안을 모색하는 작업을 진행하고 있는데, 그중 가장 선도적으로 활동하고 있는 인물이 바로 왕후이汪暉다. 그동안 왕후이는 한국에서 중국 사상계를 이해하는 거울이라고 할 만큼 주요 저작들이 지속적으로 번역되면서 학계의 주목을 받아왔다. 그러나 '동아시아 100권의 인문도서'로 선정되고 국제 학계로부터 왕후이의 대표 저작이라고 평가된 『근대 중국 사상의 흥기現代中國思想的興起』(이하 『흥기』로 약칭)는 번역 소개는 물론이고 평가도 제대로 이뤄지지 않은 실정이다. 이러한 침묵은 한국뿐만 아니라 다른 국제 학계도 마찬가지라고 할 수 있다.

『흥기』는 2004년 베이징 산롄서점에서 4권 1,683쪽의 방대한 분량으로 출간된 저작이다. 본래 『홍기』는 1998년 산롄서점의 '하버드-옌징 학술총서' 목록에 왕후이의 저서 『과학 관념과 근대 중국 사상의 홍기』라는 제목으로 출판이 예고되어 있었다. 이 책은 루쉰 전공자였던 왕후이가 1989년 「예언과 위기: 중국근대역사 속의 오사계몽운동」을 발표하며 중국 근현대 사상 연구가로 전환한 이래 축적된 연구 성과를 총정리하기 위한 저작이었다. 왕후이의 저술 목표는 당시 직면한 문제인 천안문 사태의 비극이 발생한 원인을 5.4운동(1919년)의 과학적 세계관과 중국 근대 사상사 내부에서 탐색하려는 것이었다. 이 작업은 왕후이가 1991년 창간한 학술전문지 《학인學人》의 공동편집인을 맡으면서 기획된 것이기도 하다.

그런데 왕후이는 예정된 책의 출판을 유보한 후, 초기 근대성의 시각에서 유학 천리天理 세계관의 성립과 자기 전개 및 그 시대적 의미에 관한 연구(제1권 리와 물), 중국의 제국/민족국가적 정체성 문제와 그 합법성 이론으로서 유학에 관한 연구(제2권 제국과 국가)를 추가하기 위한 저술 작업을 했다. 그리고 본래 기획했던 내용인, 천리 세계관을 대체한 만청의 공리 세계관과 그 비판 사상에 관한 연구(제3권 공리와 반공리), 근대 중국의 과학적 세계관과 인문주의에 관한 연구(제4권 과학담론공동체)를 후반부에 배치하여 총 4권의 『홍기』를 출간했다. 이로 인해 『홍기』는 고대에서 근현대에 이르는 방대한 역사문화, 사상사와 사회사를 연계한 복잡한 시각, 서구 및 일본 학술의 성과와 중국 원전의 포괄적 인용 등으로 해석의 난제가 가중되어 완독 자체가 쉽지 않은 텍스트가 되었다.

『홍기』가 출판된 이후 2005년 칭화대학에서 토론회가 열렸고, 이때 발표한 글을 《개방시대》 2006년 제1기와 제2기에 수정·연재했으며, 또 해외 유명 저자들의 평론이 인터넷을 통해 전파되기는 했지만, 왕후이의 다른 저작이나 논문에 비해 논쟁이 거의 진행되지 않았다. 평론을 쓴 이들도 대부분 전문적 비평이라기보다는 『홍기』의 내용을 호평하는 수준에 그쳤으며, 왕후이의 학술적 논적들은 인용과 표절의 문제를 지적하는 것 외에 책의 내용과 관점에 대해서는 침묵으로 일관했다.

중국 내외 및 학술적 입장 차이를 막론하고 『홍기』에 대한 토론과 평가가 잘 이뤄지지 않던 상황에서, 마침 이 책의 번역본이 2011년 4월 일본에서 『近代中國思想の生成』(石井剛 역, 岩波書店)이란 제목으로 출판되었고, 2014년 10월 미국에서 『China from Empire to Nation-State』(Michael Gibbs Hill 역, Harvard University Press)라는 제목으로 출판되었다. 공교롭게도 두 번역본은 모두 완역이 아니라 부분 번역된 것이다. 일본판은 『홍기』의 도론導論(이끄는 글), 총론, 초판과 재판(2008년) 서문, 그리고 『홍기』에 수록되지 않은 「트랜스시스템사회와 방법으로서의 지역」을 편역하였고, 미국판은 『홍기』의 도론만을 번역한 상태다. 미국의 중국 연구자 왕반에 따르면 2008년 당시 하버드대학출판사에서 『홍기』의 번역을 이미 기획했다고 하는데, 6년이 지난 시점에서 도론만 번역 출판한 것으로 보아 향후 완역을 할 것인지는 불투명해 보인다. 한국도 2000년대 후반부터 근대 중국학 연구자를 중심으로 완역 작업을 진행하고 있지만 아직 출판의 단계에 이르지는 못하고 있다.

중국 사상과 대안 근대성

국제 학계의 『홍기』 번역이 현재의 상태에 놓인 것은 일차적으로 방대한 분량, 복잡한 시각, 인용한 원전의 난해함 등 번역자(독자)가 감내해야 할 문제에서 기인하지만, 텍스트로서 『홍기』 자체에 내재한 복잡성의 문제와도 연계되어 있다. 그렇지만 향후 현실 자본주의의 위기가 심화되고 부상하는 중국에서 그 대안 가능성을 모색하려는 시도가 지속될 것으로 예상되는 만큼 『홍기』에 대한 토론은 불가피할 것 같다.

현재 『홍기』의 번역본이 출판되지 않은 상황임을 고려하여, 본 저술은 먼저 『홍기』의 내용을 아홉 가지 주제로 나누어 원의에 충실하게 해설하고, 다음으로 『홍기』의 의의와 문제점에 관해 종합적인 평가를, 맺는 글에서 『홍기』 이후 왕후이가 걸어간 사상 실천의 길에 대해 서술하려고 한다. 본 저술은 중국 사상과 대안 근대성 논의를 위한 기초 작업이 될 것이라고 생각한다. 그리고 이 자리를 빌려 『홍기』 번역 원고를 보내주신 차태근 선생을 비롯한 번역팀원들에게 감사 인사를 드린다.

이종민

1장   송대 사회와 초기 근대성

역사적 근대

『홍기』의 논의는 '당대를 중세의 종결, 송대를 근세의 시작'이라고 주장하는 교토학파의 담론을 성찰하는 데서 시작한다. 1920년대에서 1940년대까지 나이토 코난, 미야자키 이치사다 등이 주축이 된 교토학파는 서구 근대성론에서 벗어나 '당송변혁', '송대 자본주의', '동양적 근세' 등의 중요한 명제를 내놓으며 중국 역사 내부에서 근대적 동력을 발견하고자 했다.[1] 교토학파는 중국적 근세의 역사적 근거로 송대에 성숙한 군현제 민족국가, 상업경제, 원거리 국제무역, 도시의 발전, 평민주의적 계층관계와 사회문화, 고도로 발달한 행정 체계 등이 형성되었고, 특히 한당의 다민족 제국 정체성과는 다른 준-민족국가 및 평민주의, 개인주의, 반종교적 세속주의 등의 가치를 지닌 세계관으로서 주자학이 성립되었다는 점을 강조했다. 왕후이는 교토학파의 담론이 역사 연구에서 중국사 및 동아시아사와 관련한 장기간의 논쟁을 야기한 점에 대해 주목하며, '근대 중국 사상의 흥기'에 관한 논의를 송대 사상의 새로운 해석에서부터 시작하지 않을 수 없다고 인식한다.

대체로 서구 근대성론에서는 유럽사의 1450~1640년이 역사적 근대의 발단 혹은 초기 근대의 형성기이며, 비서구 세계의 근대는 서구 근대의 영향하에 시작된 것이어서 시기적으로 그 이후에 형성된 것이라고 규정한다. 이러한 서구 근대성론이 의문 없이 수용되던 20세기 전반기에, 근대의 발단이 서구보다 이른 시기에 서구의 도움 없이 송대에 내재적으로 시작된 것이라는 교토학파의 담론은, 당시 획기적인 주장이었음은 물론이고 지금의 대안 근대성 논의에도 시사점을 준다. 그렇다면 왕후이는 교토학파 담론에 대한 논의를 통해 어떠한 현재적 논리를 정립하려고 하는 것인가.

서구 근대성론에서는, 비서구 세계의 근대는 독자적으로 형성될 수 없었고 서구 근대와 접촉하고 대응하는 과정에서 발단된 것이라고 규정한다. 그러나 비서구 세계의 근대가 서구 근대와의 충돌이 아니라 내재적 성장 과정에서 발단된 것이라고 이해하는 관

1　교토학파의 시각을 이해하기 위해선 그들이 출현한 시대적 배경에 주목해야 한다. 1895년 이후 일본은 중국 해군과 동방으로 확장하던 차르 제국을 물리치고, 아시아대륙과 동남아시아에 대한 확장과 지배를 시작하였다. 그리하여 서구 열강과 태평양, 동남아와 아시아대륙의 패권을 경쟁하는 과정에서 새로운 세계사의 틀과 전략적 시야를 창조하는 것이 일본 지식계의 중요한 추세를 이루었다. 나이토 코난, 미야자키 이치사다 등 걸출한 역사학자를 대표로 하는 교토학파는 독특한 동양사 연구를 개척하고, 중국을 중심으로 한 동아시아 지역이 자체의 근대성 동력과 발전노선을 지니는 역사 세계이며 그 최종 귀착지가 일본이 된다는 시각을 구축하였다.

점에서는 근대 형성 경로가 더욱 복잡하고 다양해진다. 서구 근대성론에서 벗어나 서구 및 비서구 세계의 다양한 근대 형성 경로를 논의하기 위해선, '역사적 근대'의 개념으로 세계사의 시기를 세분화할 필요가 있다. 역사적 근대는 세계 여러 지역에서 복잡한 내외적 요인으로 근대가 형성되어 변화 발전하는 장기적인 역사 과정을 지칭한다. 그리고 역사적 근대의 내부는 각 지역의 내재적 발전 과정을 통해 형성된 초기 근대, 서구 근대와의 조우 이후에 형성된 식민/피식민 근대, 식민시대 이후 전 지구적 차원에서 모색하고 있는 탈서구 근대 등의 시기로 구분될 수 있다. 역사적 근대의 내부 시기 구분으로 보자면, 교토학파가 제기한 송대나 유럽사의 1450~1640년은 초기 근대에 해당하고, 서구 근대성론에서 말하는 본격 근대는 식민/피식민 근대에 해당하며, 탈서구 근대는 현재 세계 여러 지역에서 모색 중인 것으로 왕후이가 발견하고자 하는 대안 근대 역시 여기에 해당한다.

역사적 근대이론은 위기에 빠진 서구 중심적 근대성론을 비판적으로 성찰하며, 그것이 부정했던 비서구의 내재적 역사를 복권하여 전 지구적 차원에서 보편적 근대성을 재정립하기 위한 시각이라고 할 수 있다. 이러한 시각 가운데 가장 주목할 만한 흐름이 다중 근대성multiple modernities 또는 대안 근대성alternative modernity을 표방하는 입장이다. 다중 근대성론은 1998년 《다이달로스Daedalus》 "초기 근대성early modernities" 특집호에 처음 그 진용을 드러냈는데, 아이젠슈타트, 비트록, 아나슨 등 비교역사 사회학자들이 이 입장을 대표한다.

이들은 비서구 근대성의 전개 양상에 주목하며 근대성의 문명적 다중성을 강조한다. 대안 근대성론은 문화이론, 문예-정치 비평, 인류학 등 다양한 영역에서 제기되고 있는데, 주로 서구 내의 소수 인종 사회 또는 이민자사회에서의 다채로운 근대성의 표출 양상에 관심을 갖는다. 두 시각은 근대성을 단수가 아닌 복수로 이해하면서 대안적 근대성 패러다임을 모색한다는 점에서 동일하다. 그러나 새롭게 정립하고자 하는 근대성이 무엇인지 불분명하여 복수 지역의 문화 차이만을 강조하는 근대 다원주의에 빠지거나, 혹은 서구 근대성을 기준으로 비서구 근대성의 경로를 탐구하여 서구 근대성의 테두리를 벗어나지 못하는 한계를 내재하고 있다.**2**

역사적 근대이론의 선성으로서 교토학파 담론에는 이러한 의미와 한계가 고스란히 노출되어 있다. 왕후이는 교토학파의 동양적 근세 혹은 초기 근대 개념이 지니는 이론적 의미는 적극 수용하면서도, 서구 근대성을 기준으로 중국 근대성을 탐구하는 한계에 대해서는 비판적 입장을 취한다. 다시 말하면, 서구 근대성론이 중국을 자체 성장 동력이 결여된 제국으로 비하한 데 반해, 교토학파가 송대에서 사회변혁과 근대로의 이행 동력을 발견하여 이를 근세 혹은 초기 근대라고 인식한 점은 긍정적으로 평가한다. 이러한 내재 발전의 동력이 발견됨에 따라 중국은 서구의 충격이 있어야 근대 세계로 이행 가능하다는 정체된 제국 인식에서 벗어날 수 있었다. 그러나 송대에서 근세적 가치

2 김상준, 『맹자의 땀 성왕의 피: 중층근대와 동아시아 유교문명』, 아카넷, 2013, 35~36쪽. 이 책은 중층근대와 동아시아 유교문명의 시각으로 대안 근대성에 관한 이론 작업을 한 것으로, 왕후이의 문제의식과 기본적으로 상통하면서도 유교문명의 보편성을 추구하는 체계적인 시각을 제시하고 있다.

를 발견하는 교토학파의 시각은 자본주의/민족국가 중심의 서구 근대성을 기준으로 한 것인데, 이로 인해 중국 자체의 역사와 언어 개념을 기반으로 한 근대성을 발견하지 못한 점에 대해서는 비판적 입장을 취한다. 즉 교토학파의 송대 근세론은 서구 중심주의를 비판하고 있지만 여전히 서구 근대성을 기준으로 중국을 재평가함으로써, 대안 근대성이 아닌 서구 근대성 서사에서 파생된 역사 상상에 불과하다는 것이다. 『홍기』의 시야는 바로 서구 근대성론과 교토학파의 한계를 이중으로 비판하면서, 중국 사상사의 주요 쟁점인 송대 이학理學과 제국의 문제를 중국 내재적 역사와 언어 개념을 통해 재평가하는 과정에서 정립된 것이다.

내재신성성과 시세

중국 사상계에 초기 근대성의 문제의식이 촉발되면서 가장 주목받는 분야 가운데 하나가 송대 주자학의 문제이다. 서구 근대성론에서 주자학은 중세 봉건제국인 중국을 정체하게 만든 종교 이데올로기로 규정되었으며, 중국 마르크스주의학파에서도 주자학은 중국의 진보를 가로막는 봉건 종법 이데올로기로 간주되어왔다. 그런데 송대를 중세 봉건제국으로 간주하고 주자학을 그에 복무하는 지배 이데올로기로 규정하는 평가가 지속된다면, 초기 근대에 관해 논할 여지가 없어진다. 초기 근대는 근대의 기원을 선점하려는 학술패권의 문제가 아니라, 현재 우리 시대에 발생해 이어지고 있는 문제의 근원지로 이 시대가 나아갈 방향이 내재되어 있는 시공간이어야 하기 때문이다. 그래서 서구 근대성론과 중국 마르크스주의학파 내에서는 송대 주자학과 초기 근대의 문제에 대해 사유할 근거를 찾기가 어렵다. 교토학파가 역사학의 차원에서 송대의 근세적 가치를 발견했다면, 사상사의 차원에서 송대 주자학의 근대성을 발견한 이들은 이른바 현대 신유학 연구자라고 할 수 있다.

계몽주의의 조류 속에서, 18~19세기의 유럽 사상은 이성주의적 전환과 개인주의적 전환을 거쳤는데, 그 핵심은 종교의 전제와 대항하는 세속주의, 그리고 절대주의와 대립하는 자주성 관념이다. 그래서 현대 유학 연구에서의 '내재로의 전향', '이성화' 및 이 시야에서 형성된 '일상생활과 그 윤리'의 개념은 모두 근대 유럽 형이상학, 개인주의 가치(자아를 중심으로 하는 내재화된 도덕적 시야), 시민사회의 문화 및 실증주의적 과학관을 참조로 하여 형성된 범주로서, 그것들은 세속화된 개인 및 그 이성이 종교적 권위와 절대왕권에 대해 반란할 것으로 예측된다. (……) 중국학자 가운데 '근세' 혹은 '초기 근대' 등의 개념을 사용하는 이는 매우 적지만, 상술한 개념 자체는 '중세'와 구별되는 송대 사상의 모종의 특징들을 암시하였다. 사실상, 송명 이학에 대한 '이성화' 서술과 교토학파의 '자본주의'(시장경제), '국민주의'(민족주의), 원거리 무역(노동분업), 도시화(사회적 유동) 등 유럽 범주 내에서의 송대 사회에 대한 서술은 서로 호응한다.─그것들은 모두 중국 혹은 동아시아와 관련된 근대성 서사이고, 모두 유럽 근대성의 참조하에서 구축된 역사 상상이다.**3**

현대 신유학은 교토학파와 마찬가지로 송대 주자학을 절대 황권에 저항하는 내재적이고 이성적이며, 종교적 전제에 대항하는 세속 윤리를 지닌 근대적 사상이라고 인식한다. 이러한 평가는 정체된 봉건 이데올로기로 규정하는 서구 근대성론과 중국 마르크스주의학파와 확연히 구별되는 입장이다. 그러나 왕후이는 송대 주자학에 대한 이러한 진보적 평가가 절대왕정에 저항한 유럽 계몽주의 서사를 참조하여 상상한 것이며, 송대 주자학의 실제 및 시대적 의미와는 상당한 차이를 지닌다고 비판한다. 즉 송대 주자학은 유럽 계몽주의 사상과 같은 내재성과 세속성을 지닌 사상 범주가 아님에도 불구하고 그러한 편향적 평가를 내려, 주자학이 지닌 진정한 가치를 놓치고 말았다는 것이다. 가령, 머우중산牟宗三은 주자학의 선성先聖으로서 맹자의 '求則得之, 舍則失之, 是求有益於得也, 是求在我者也'라는 말을 해석할 때, 맹자의 '아'를 개인 자주성의 범주라고 설정하여, 유학이라는 줄곧 정치를 떠난 적 없는 이데올로기를 '반정치적'이자 '비정치적'인 개인 독립의 선언이라고 해석한 것이 그러하다. 중국은 근대 유럽과 같이 종교관계, 귀족정치 및 절대왕권을 벗어난 세속적 주체성과 내재성 개념을 사상적 배경으로 갖고 있지 않기 때문에 머우중산

3   汪暉, 「現代中國思想의 興起」上卷 第1部, 北京: 三聯書店, 2004, 107~108쪽.

중국 사상과 대안 근대성

의 해석은 편향적이다. 이러한 해석은 주자학을 포함한 유학 전체를 개인의 심성론 차원으로 귀결시켜 유학이 본래 지니고 있는 정치적 비판성을 배제하는 편향으로 작용한다. 왕후이가 유학의 정치적 비판성을 강조하는 것은 바로 정치와 독립된 이성주의 철학으로 주자학이 해석되는 것을 경계하기 때문이다.

이러한 맥락에서 왕후이는 교토학파가 송대 주자학을 평민주의, 개인주의, 세속주의를 담은 사상으로 평가하는 것은, 유럽 계몽주의의 반종교적인 내재성, 이성화, 세속화 범주를 주자학에 대응시켜 '초기 근대성'의 표지로 인식한 것에 불과하다고 비판한다. 주자학은 당대唐代의 주재자적인 자연관과 불교를 비판한다는 점에서 반종교적 측면을 지니기는 하지만, 전체적으로 볼 때 반종교적 세속화의 경향을 띠기보다는 현실 속에서 사라진 고대 예악의 신성성을 회복하여 도덕적 질서와 인간의 도리를 재구축하기 위한 형이상학적 특징이 강하다고 할 수 있다. 전통적 도덕평가 기준으로 작용하던 예악이 그 신성성을 잃어버려 도덕성 회복을 판단할 수 있는 척도가 부재함에 따라, 송대 유학자들은 우주만물과 인간 존재의 정당성을 부여할 수 있는 새로운 보편적 원리를 모색했다. 천리天理 개념이 송대에 최고의 형이상학적 범주이자 도덕평가 기준으로 부상한 것은 바로 이러한 유학 내부의 사상사적 맥락에서 기인했다.

송대 주자학은 이러한 실천지향성으로 인해 천도, 천리, 심성 등 추상적인 철학-윤리 범주를 논하고 있지만, 유럽 계몽주의처럼 인간 내재적이고 이성적인 경향을 지니기보다는 오히려 부조리한 현행 정치제도와 사회를 개혁하기 위한 정치 사상으로서의 특성을 강하게 지닌다. 송대 유학자들은 하은주 삼대의 이상적 제도를 기준으로 하여, 삼대 이후의 시대는 삼대의 이상을 담은 봉건, 정전, 예악, 종법, 학교 등의 제도와 단절되어 도통道統을 상실한 시대라고 인식한다. 그리고 송대의 정치, 경제, 군사에 관한 논쟁을 할 때 삼대의 제도와 삼대 이후에 형성된 제도를 대립시킨 봉건/군현, 왕도/패도, 정전/양세법, 학교/과거 등의 개념을 통해 자신의 시대 문제를 인식하고 그 실천 방안을 모색한다. 이러한 인식을 바탕으로 왕후이는 주자학의 도덕정치적 비판성을 설명하기 위한 시각으로 '예악과 제도 분화'의 범주를 제기한다.

선진先秦 시대(진나라가 중국을 통일하기 이전 시대)의 제도는 예악과 합일되어 있는 데 반해, 송대의 제도는 예악과 단절되어 기능적이고 형식적으로 변질된 것이다. 이에 따라 송대 유학자들은 새롭게 구축한 천리 개념 및 삼대의 제도를 통해 군현제를 기반으로 한 황권-관료 정치에 대항하고, 종법을 회복하여 시장의 유동성에 대항하고, 정전제를 제창하여 무역과 세법에 대항하고, 학교 설립을 통한 인재 양성으로 과거제의 인재선발 방식에 대항하고, 복고의 형식으로 외래문화와 역사적 변천에 대항했다. 그래서 송대 주자학은 유럽 계몽주의나 현대 신유학의 해석처럼 인간 내재적이고 이성화된 사상이라기보다 현실 정치와 긴밀히 연계된 실천 사상이며, 주자학의 심성론적 특성 역시 정치적 실천을 위한 자기수양의 목적 속에서 정립된 것이다. 왕후이는 이러한 분석을 바탕으로 교토학파가 자본주의적이고 세속적인 사회 변화에 조응하는 사상으로 주자학을 인식하는 것과 달리, 송대 사회의 세속적 변화에 저항하고 새로운 도덕질서를 구축하기 위한, 이른바 내재신성성을 지닌 도덕정치 사상으로 해석한다.

교토학파의 주자학 담론은 송대 사회 변화에 대한 구체적 분석을 통해 도출된 것이 아니어서, 주자학에 내재한 복잡한 사상 자원과 도덕정치 사상으로서의 시대적 의미를 인식하지 못한다. 교토학파의 이러한 한계는 유럽 계몽주의 철학의 근대성 범주를 주자학에 적용한 데서 드러나는 문제이며, 거기에는 서구 근대성론이 추구하는 시간 목적론, 즉 자본주의/민족국가로의 발전을 인류사회의 진보로 이해하는 역사관이 개입되어 있기 때문이다. 왕후이는 교토학파의 '송대 근세' 개념이 서구 근대성론의 시간 목적론과 연계되어 있으며 이러한 외부 논리로는 중국 사회의 복잡하고 내재적인 변화를 파악할 수 없다고 인식한다. 그리고 이러한 서구적 시간 목적론을 대체하고 중국적 역사관과 시간 변화의 관념을 드러내기 위해 '시세時勢' 개념을 끌어온다.

시세란 용어는 본래 시와 세가 개별적으로 사용되다가 송대에 이르러 결합해 사용된 개념이다. 시時는 시대 및 그 변화를 표시하며 시대 변화에 대한 적응을 말한다. 세勢는 물질적 변화를 지배하는 자연적 추세 혹은 자연적 역량을 가리키는데, 이러한 자연적 추세나 역량은 항상 자아실현을 촉진하는 인물, 제도, 사건 자체에서 구체화되는 것이지 물질적 과정 자체와 동일시될 수 있는 것이 아니다. 유학은 복고주의적 정치 이상을 추구했지만 시세 개념하에서 이상을 실현할 수 있는 방안에 대해 사유했기 때문에, 경전을 고수하거나 모방하는 '원리주의자'와는 같지 않다. 앞서 살펴보았듯이, 송대 유학자들은 삼대의 이상적 제도를 기준으로 자기 시대의 제도 및 사회의 부조리를 비판하면서도, 삼대의 제도로 직접 회귀하지 않고 현행 제도의 근간 위에서 삼대의 이상을 실천할 방안을 모색했다.

일반적으로 중국은 삼대를 이상세계로 설정하는 복고적 시간관과 '일치일란一治一亂'의 순환론적 역사관을 지닌다고 이해되곤 한다. 그러나 이것은 유학적 세계관 속의 복고와 순환이 단순히 과거로의 회귀가 아니라 '생생生生' 혹은 '자생自生'적 역사관과 자연관에 의한 끊임없는 변화의 산물이라는 사실을 간과한 것이다. 왕후이는 시세 개념이 유학 사상의 발전 속에서 사람들의 시선을 거의 끌지 못했지만, 역사와 그 변화를 자연적 범주로 편입시켜 주체적 역사 행동을 위한 공간을 제공했다고 인식한다. 이러한 시세 개념하에서 송대 유가들은 삼대를 숭앙하기는 했지만 결코 삼대의 구체적 제도를 가지고 실천적 방안을 만들지는 않았다. 즉 천리를 새로운 도덕 기준으로 정립하여 변화하는 역사 속에서 합리적 해결 방안을 찾았을 뿐 아니라, 개인의 자기수양이 일상행위 속에서 성인의 목표에 도달하도록 호소하였다. 격물치지에 대한 반복된 논쟁으로부터 원칙經과 임기응변權을 어떻게 다룰 것인가에 대한 사고에 이르기까지, 송대 유학자와 그 후계자들은 역사 변화와 시세 개념을 통해 도덕정치 실천의 척도와 표준을 파악했다. 왕후이는 이러한 시세 개념을 통해 송대 주자학은 서구 근대성론의 자본주의/민족국가를 추구하는 단선 진화론의 사상이 아니라, 천리적 세계관을 통해 사라진 삼대 이상을 재역사화하고 변화된 조건 속에서 그 이상을 구현할 수 있는 방안을 모색한 실천 사상이라고 역설한다.

2장   유학과 도덕평가 방식의 전환

공자의 예악론

송대에 출현한 유학을 지칭하는 용어로 송학, 이학, 도학, 성리학, 주자학, 정주학, 신유학 등 다양한 명칭이 사용된다. 이러한 용어들은 송대 유학의 특징과 사상사적 맥락에 따라 서로 다르게 사용된 것이지만, 대체로 주자가 편찬한 『이락연원록伊洛淵源錄』에 수록된 사상가들의 계파를 총칭한 것이라고 봐도 무방하다. '이락'이란 말은 황하의 지류인 이하와 낙하를 가리키는데, 이 강변에 있는 하남성 호현에서 태어난 정호와 정이 형제가 낙양을 중심으로 활동했기 때문에, 두 사람의 학문과 사상을 그렇게 말한 것이다. 주자는 『이락연원록』에 이정 혹은 이정자로 불리는 정씨 형제를 중심으로, 그들이 함께 배웠던 주돈이와 주돈이의 친구 및 제자들의 활동이나 주장들을 수록했다. 그리고 주자가 여조겸과 함께 편집한 『근사록近思錄』에는 주돈이, 정호, 정이, 장재의 글이 실려 있는데, 이들 외에 북송의 소옹을 포함하여 주자학과 관련된 학파들을 좁은 의미의 송학이라 부른다.**4**

송대에 '천리天理' 개념이 정립되면서 유학은 중대한 자기전환을 이루게 되는데, 왕후이는 도덕평가 방식의 변화라는 점에 착안하여 송대 이학의 역사적 의미가 무엇인지 분석한다. 도덕정치학으로서 유학은 매 시대마다 형태는 다르지만 하늘의 뜻天意을 구현하는 도덕정치 확립이라는 실천적 목표를 공유하고 있었다. 또 매 시대마다 하늘의 뜻이 구현된 도덕평가 기준이 달라, 선진 시대에는 고대의 예악제도가 그 척도가 되었고, 한당 시대에는 우주 자연의 주재자로서 천이 그 척도로 작용하였다. 천 혹은 천의를 구현하는 도덕평가 기준은 인간사회의 신성한 통치 원리가 되었고 인간은 그에 따르며 순응하는 존재로 이해되었다. 그런데 당송 변혁기를 거치면서 인간사회의 존재 근거였던 천은 그 절대적 신성성이 부정되었고, 이에 천 개념은 하늘의 뜻이 소거된 객관사물로 전환된다. 이제 우주 자연과 인간사회를 주재하는 천은 그 자체로 존재할 수 없으며, 우주만물에 내재하는 보편타당한 원리, 사물을 조리 있고 활력 있게 하는 법칙인 천리를 통해 현현한다. 천리 개념이 새로운 도덕평가 기준으로 부상함에 따라, 하늘의 뜻이 사라진 옛 제도 및 예의 관계는 형식적인

4 미조구치 유조, 최진석 옮김, 『개념과 시대로 읽는 중국 사상 명강의』, 소나무, 2004, 125~126쪽.

모방물이라고 부정되며, 또 천인상류의 방식으로 하늘과 인간세상의 질서를 직접 대응시키는 행위도 의심되기 시작한다. 이학은 인간 사회의 도덕을 만물에 외재하는 초월적 힘이나 권위로 평가하지 않으며, 만물에 내재하는 천리를 인간이 인지하고 체득하여 실천하는 것을 새로운 도덕평가 방식으로 제기한다.

이학의 중심 문제가 예악제도로부터 격물치지의 방법론으로 방향을 틀었다. 도덕의 기댈 만한 기초가 최고 질서와 최고 본질에 대한 인지·체득 및 실천이고, 이러한 최고 질서 혹은 본질이 '기'의 세계 속에 존재한다면, 이학과 그것이 제공하는 인지·체험 및 실천의 프로그램이 가장 적당한 도덕이론을 구성하게 될 것이다. 이학가들 역시 공자와 마찬가지로 제도·예악 및 그 구체적 규범 문제에 관심을 가졌지만, 이학의 중심적 지위를 점하고 이학 내부의 사상 논쟁을 이끄는 것은 바로 인지의 문제였다. '격물치지'와 '격물궁리' 문제상의 분분한 해설이 이학 내부(심학을 포함하여)의 수많은 분기의 관건이 되었다. 송명 이학을 분류할 때, 머우중산은 이학과 심학의 관습적 구분을 넘어서 치지 방법의 차이를 이학 분류의 근거로 간주하였다. 이 분류는 송명 유학의 분화가 우주 본성 혹은 질서를 어떻게 논증하고 도달하여 실천하는가를 축으로 전개되었음을 분명히 보여준다. 성체性體, 심체心體 및 리理 등의 범주 간의 차이는 우주질서에 대한 상이한 인식 방식에서 발생한다. 도학 우주관과 천리 개념의 수립 때문에, 어떠한 합리화의 담론도 천도와 천리를 전제로 해야 하며, 천도와 천리 및 그 함축된 질서를 어떻게 해석할 것인가가 동시에 도덕, 정치, 경제 및 사회 담론의 전제가 된다. 이런 의미에서, 북송 이래 유학의 기본 문제, 분류 형식, 내부 분기 및 형태 변화는 반드시 도학 혹은 이학과의 관계 속에서 이해해야 한다.[5]

이학의 도덕평가 방식은 선진 유학의 예악이나 한당대의 천인감응天人感應처럼 인간의 외부에 평가 기준을 설정하는 것과 비교할 때, 격물치지와 격물궁리라는 내재적 방식으로 전환된 것이다. 내재적 방식으로의 전환이 지니는 사회정치적 의미를 이해하기 위해선 선진 유학 및 한당 유학의 도덕평가 방식과의 차이와 연속성에 대한 비교분석이 필요하다. 선진 유학은 예악공동체를 재건하기 위한 사상으로 예악이 도덕평가의 기준이 된다. 여기서 『흥기』는 공자 예악론禮樂論의 윤리적 성향을 샤머니즘이 이성화되는 과정으로 귀결시키는 연구 경향에 대해 이의를 제기한다. 예를 들어 "유가의 도덕 관념은 전적으로 종법사회의 이성적 발전이다"라는 푸스녠傅斯年의 주장이나 "신의 준신명령으로부터 인간의 내재적 욕구와 자결의식으로 변하는 것"이라는 리저허우李澤厚의 주장이 그러하다. 이러한 주장은 샤머니즘에서 예악으로의 이행이 종교통치로부터 세속통치로 이행하는 유럽 역사와 조응하는 것으로 간주하는 것이다. 이는 교토학파가 송대 이학의 이성화를 유럽 계몽주의의 세속화, 이성화에 비유하는 것과 같은, 서구 근

5　汪暉, 『現代中國思想的興起』, 上卷 第1部, 122~123쪽.

대성론에서 파생된 상상이다.

왕후이는 공자의 예악론이 샤머니즘에서 신성성이 사라진 이성화나 자결의식으로 전환한 것이 아니라, 붕괴된 주대 예악의 신성성을 인仁의 개념을 통해 회복하는以仁釋禮 내재신성성 개념으로 이해해야 한다고 주장한다. 공자의 이인석례는 인을 통해 예의 실천 속에서 조화 상태를 회복하는 것이며, 신비체험을 목적으로 하지는 않지만 주동적으로 천에 대한 경외를 드러낸다. 주체에 대한 인의 요구와 무당이 미광 과정에 투신할 것에 대한 샤머니즘의 요구는 상통하는 일이다. 자결의식은 예의 실천 속에 투신하려는 신념이어서 근대 세속주의적 경향과는 무관하다. 예를 지키는 것은 경외의 감정에서 탄생하는 것이어서 이성화 경향으로 귀결시킬 수 없으며, 내재신성성의 윤리가 예악 실천 과정에서 발현된다.

인과 예악제도가 내재적으로 연계되어 있기 때문에, 선진 유학의 도덕 추구는 동시에 제도 문제에 대한 탐구이다. 춘추전국 시대에 왕권의 절대성이 강화되면서 예와 형벌은 분화되기 시작하는데, 그 후 법가 문하로 들어간 유자들은 법을 예로 삼았고, 공맹의 문도는 형벌을 인간의 도덕 실천과 무관한 외재적이고 강제적인 규범으로 보았다. 공자가 육경을 텍스트로 삼은 것은 봉건제 붕괴의 위기하에서 공동체의 예악제도와 그 실천적 가치를 재정립하기 위한 것이고, 예악제도와 도덕 사이의 내재적 근거를 명시하기 때문에, 예악론은 제도론이자 정치론이라고 부를 수 있다. 이런 맥락에서, 술이부작述而不作은 선왕의 제도를 모범으로 삼아 전개한 정치이론이며, 이인

석례는 이상적 정치의 동력과 경로에 대한 탐색이다. 공자는 그것을 인간의 내재적인, 애인愛人을 특질로 하는 품성으로 귀결시켰다. 하지만 애인을 핵심으로 하는 인은 추상적이고 순수 개체적인 열정과 품성이라기보다, 종법봉건 원칙의 확대라고 해야 할 것이다.

예악제도와 도덕의 합일은 공자가 자신이 처한 시대와 그 위기를 관찰한 방식이다. 공자가 서주 예악제도의 고전적 형식을 도덕담론의 근거로 삼은 것은, 예악제도와 도덕의 심각한 분화에 대한 강렬한 저항이며, 경과 예의 정신으로 예악공동체의 회복을 호소하기 위함이다. 이런 의미에서, 예악제도와 도덕평가의 완전한 합일은 공자가 시대를 인식하고 비판하는 보편 윤리의 정립이라고 할 수 있다. 공자 사상의 비판적 역량은 바로 복고적 윤리의 수립과 현실 제도 사이의 긴장관계에서 연원한다. 『논어論語』에서 고대의 덕행을 기탁한 사士는 대변혁 시대에 복고의 형식으로 새로운 도덕적 규범을 창조한 담지자다. 사로 상승한 서인 계층은 도덕규범을 명확히 논술하고 확립할 기회와 권리를 얻었으며, 귀족 신분에서 몰락하여 사가 된 사람이나 고대 예악제도를 그리워하는 사람은 봉건예서를 다시 펼 기회를 얻었다. 그래서 공자는 예의 형식에만 집착하지 않았으며 예의 형식과 내용의 완전한 합일에 도달하려고 했던 것이다.

사유 방식으로 본다면 공자의 후학인 사맹학파思孟學派가 천리적 세계관과 더 긴밀한 내재적 연계성을 지닌다. 사맹학파는 공자의 손자이자 『중용中庸』의 저자라고 알려진 자사子思와 맹자의 인성론 중심의 유학 사상을 지칭하는 용어이다. 맹자는 공자를 계승하여 고대 제도 혹은 요순의 인정仁政을 도덕정치의 이상으로 삼는다. 그러나 맹자학설 가운데 가장 중요한 관념은 공자가 드물게 말한 성 혹은 인성이다. 공자가 인과 예 사이에서 인을 이해하는 것과는 달리, 맹자는 인을 직접적으로 천에 귀속시킨다. 맹자의 사상과 자사의 『중용』은 모두 공자에게서 나오긴 했지만, 그들의 해석과 공자가 생각한 도덕적 근거로서의 예악제도 사이에는 중요한 차이가 있다. 공자는 인간과 천의 관계를 거의 논하지 않았지만, 그들은 인간의 내재적 근거를 예악제도가 아니라 본체론 혹은 천도론에 직접적으로 귀결시켰고, 서주 예악을 엄격히 고수한 공자의 관념도 지양했다. 이런 맥락에서 송대 이학은 공자 예악론보다 사맹학파의 논리를 따라 천, 천도, 천리를 도덕 실천의 중심에 놓고 천인관계를 새롭게 소통시키려 했다고 할 수 있다.

한당대 제도론

다음으로 한당대 유학의 도덕평가 방식에 대해 살펴보자. 한나라는 춘추전국 시대의 오랜 분열과 혼란을 통일한 진나라에 이어 등장한 국가로, 선진 유학이 추구하던 봉건적 예악질서가 실현된 세상과는 완전히 다른 중앙집권적인 황제체제가 중심이 된 천하제국이었다. 그래서 중앙집권적인 군현제와 봉건제 사이에서, 황권과 분봉귀족 사이에서, 전통 중국의 영토와 제국 내부로 받아들인 이적夷狄 사이

중국 사상과 대안 근대성

에서 어떻게 균형 잡힌 질서를 형성할 것인가의 문제가, 한대 유학의 중심 과제가 되었다. 이 점이 제국의 역사적 정당성과 그 제도원리에 관한 경전인『춘추春秋』와『주례周禮』가 한대에 중요한 지위를 차지하게 된 이유이다.『춘추』는 역사 변화의 범주 내에서 법률, 제도 및 도덕에 대한 해석을,『주례』는 보편적 우주론 속에서 제도의 합법성과 원칙을 제공해주었다. 또한 한대 유학은 추연鄒衍의 오행학설,『여씨춘추呂氏春秋』의 음양학설 및 과학 지식을 통해 천의를 해석했으며 음양, 오행, 사시 및 상수 등의 범주를『춘추』와『주례』를 해석하는 틀로 삼았다. 시대적 배경과 유학 중심 문제의 차이로 인해 한대 유학은 선진 유학의 인간과 그 예의 실천에 대한 관심으로부터 천과 인사·제도 사이의 대응관계에 대한 탐구로 전환하였다. 인의 내재적 품성에 대한 공맹의 추구를 종교적 태도라고 본다면, 천에 대한 한대의 이해는 과학적 태도, 즉 천인관계를 통한 보편적 원칙을 확립하려는 시도라고 할 수 있다. 여기서 왕후이는 한대 유학의 천인관계에 대한 사유를 신비주의라고 비판하는 시각에 이의를 제기하고, 그 속에 과학적 특징이 내재되어 있다고 이해한다. 이는 선진 유학의 이성화가 세속화가 아닌 내재신성성 범주로 간주하는 것과 마찬가지로, 한대 유학을 신비주의로 보는 편향을 비판하고 내부의 과학적 요소를 평가하려는 관점이다.

　선진 유학의 예악이 은나라의 샤머니즘 전통과 내재적 연계를 지니고 있는 것처럼, 한대 유학의 근간이 되는 천인관계 역시 샤머니즘 전통과 내재적 연계성을 지닌다. 공자의 예악과 달리 한대 유학은 주술 전통 속의 천인관계로 대일통大一統 체제에 합법성을 제공하는데, 이러한 한대 유학의 특징을 가장 잘 드러낸 저작이 바로 동중서童仲舒의 『춘추번로春秋繁露』이다. 『춘추번로』는 『공양전』의 해석을 척도로 삼아 『춘추』의 도덕정치 원칙을 해석하고, 추연과 『여씨춘추』의 음양, 오행, 사시 및 재이의 우주론으로 『춘추』의 도덕정치 원칙들을 새롭게 해석했다. 즉 음양은 천인 사이의 조응 관계를 체현하는 방식으로서 군신관계, 군민관계는 이 등급질서의 대응물이며, 오행은 우주자연의 분류 방식으로서 인간 사이의 분업적 직능과 인륜의 규칙은 그 분류 관계의 대응물이 된다. 또 사시는 공간, 시간 및 순서의 틀을 현시하여 인, 의, 충, 덕은 천의 사덕이 되며, 우주와 역사의 진화는 이 구조적 전환 속에서 합목적적으로 발전한다. 천의 절대성과 지고무상한 지위를 강화하기 위해 예의, 제사 원리를 규정하고 황제의 의례활동을 직접적으로 천의 의지와 연계시킨다. 음양, 오행, 사시 등의 관념과 정치, 경제 및 기타 사회관계를 통일된 자연과정으로 설정하여, 이로부터 천인이 대응관계를 이루어 서로 교류한다는 천인상감 및 천인상류의 원리가 형성된다.

천인감응의 주술 관념, 천인상류의 과학담론과 예악제도 사이에는 유기적 연계가 있으며, 천의는 이 세 가지 상태 속에서 동시에 드러날 수 있다. 동중서는 이러한 유기적 연계를 통해 상서 현상으로 제왕의 출현을 설명하는데, 자연현상을 관찰하는 것이 바로 천의 혹은 천명을 이해하는 방식이 된다. 공자의 중심이 주체의 경외로 가득한 예악 실천 속에 있다면, 동중서의 천인감응학설은 예악왕제의 신성성을 자연현상에 대한 과학적 인식과 자연과정 배후의 주술적 체험으로 전환시킨다. 공자에게 주술의 유산은 주로 내재적 품성과 그 예악의 실천으로 체현되지만, 동중서에게 주술의 유산은 복·서 전통을 거쳐 전환된 천의 과학화된 표현이다. 유학의 도덕정치 판단의 전환으로 볼 때, 동중서는 도덕/정치 판단과 자연에 대한 인식을 긴밀히 연계시켰고, 천에 대한 서술에서 도덕정치의 법칙을 드러냈다고 할 수 있다.

동중서의 목적은 천인관계론으로 대일통 정치에 합법성을 제공하려는 것이었다. 그래서『춘추』를 공자가 후왕들을 위해 세운 법으로 간주하였고, 일종의 견강부회의 방식으로 공자를 '신왕'으로 설정하지 않을 수 없었다. 한대의 법의 지위로『춘추』를 확립하기 위해 텍스트 속에서 '미언대의微言大義'를 추론하는 방법을 발전시켰다.『춘추』속에서 역사의 변화와 그 합법성을 이해하는 방법을 확립하는 것이, 분봉체제하의 예제론을 군현체제하의 대일통이론으로 전환시킬 수 있었기 때문이다.『춘추번로』에 나타난 공자수명개제설孔子受命改制說 및 음양, 오행 및 오덕종시설에 근거하여 발전시킨 적, 백, 흑 삼통설은 모두 이러한 목적에서 형성되었다.

대일통 관념은 또한 제국의 지역 확장과 관련되어 있다. 한나라의 영토는 전통 중국의 주변 지역으로 확장되어 외부세계와 전에 없던 관계를 형성하였고, 이로 인해 내외관계가 제국의 자기이해의 주요한 척도가 되었다. 대일통 관념과 새로운 내외관계가 형성되면서『춘추』가 담고 있는 봉건예의 관계를 개조하는 것은 필연적이었다.

동중서는 제국 확장이라는 조건하에서 이하의 구별을 새롭게 정립하여 '대일통 관념하의 상대화된 예의론'의 논리를 구축했다. 통일제국의 관료행정체제와 그 비인격적이고 기능주의적인 특성이 확장됨에 따라 선진 예악은 도덕평가 기준으로서의 효력을 상실했다.

도덕 이상과 도덕 척도를 새롭게 정립하기 위해 동중서는 수를 매개로 천과 제도를 소통시키는 방식을 취했다. 모든 제도에 드러난 수는 사시 변화의 법칙과 서로 관련되며 제도의 도덕적 합법성을 천의 운행 속에서 찾으려 한 것이다. 수를 매개로 제도와 우주의 관계를 진술하는 방식은 『주례』 속에서 더욱 체계적으로 표현된다. 상수의 방식으로 천과 제도의 대위관계를 수립하여 신성성을 강화한 데에는, 중앙행정체계를 존중하고 임의로 관제를 변경하거나 행정 과정에 간여하는 것을 제한하려는 권력 견제적 의미도 포함되어 있다.

당대에 이르러 한유, 유종원은 한대의 천인감응설과 오행학설에 내재한 권력적 요소를 비판한다. 한당대의 유학자들은 모두 황권 중심의 제국 체제를 옹호했지만, 동중서는 천인감응학설에 호소한 반면, 유종원은 음양, 오행, 사시, 재이, 상서와 정사, 법률, 도덕의 대위관계를 와해시키려 했다. 유종원은 '세勢'의 관념에서 출발하여 분봉제와 군현제를 역사 변천의 내재적 결과로 보았으며, 이를 통해 황권을 중심으로 하는 중앙집권체제의 역사적 합법성과 도덕적 합리성을 논증하였다. 세습귀족제도로서 분봉제도는 할거와 전쟁을 초래하기 쉬워 현자의 등용을 방해하지만, 군현제는 효과적인 등급제도를 통해 인재의 기준을 세울 수 있었다. 외재적인 천명이 아니라 역사의 운동에 내재하는 추세인 '세' 관념을 통해 유종원은, 군읍제가 분봉제를 대체한 것이 자연적이고 합리적인 역사 과정이었다고 인식한다. 한유는 천인관계에서 제도와 도덕을 타협하는 태도를 보인다. 사회질서와 예의 관계를 인간의 창조적 활동의 결과로 보면서도 천과 천명에 대한 믿음을 완전히 포기하지는 않았기 때문이다. 그래서 천명의 관점에서 도통의 계보를 수립함으로써 결국 한대의 천인학설의 영향에서 벗어날 수 없었다.

송대 유학자의 우주론에는 한대 천인학설의 흔적이 남아 있으며 한유와 비슷한 곤경에 직면하고 있다. 천리 세계관은 사상사적으로 볼 때 한대 유학의 우주론 및 천인관계론을 계승한다고 볼 수 있지만, 천인감응과 상수대위관계를 수용하면서도 그 중심을 인간의 내재적 도덕 품성과 도덕 행위로 전환하는 중대한 차이를 지니고 있다. 천 관념이 천리 세계관 혹은 심성론으로 변화 발전한 것은 유학의 도덕평가 방식에 근본적인 전환을 발생케 했다.

천리적 세계관

천리적 세계관의 다른 한 축인 리 개념은 천 개념과 마찬가지의 계보와 사회정치적 의미를 지니고 있다. 송명 이학의 기원을 찾는 움직임은 청대에 이미 있었으며, 대체로 『장자莊子』에 나오는 '리'자의 용례나 위진 현학의 리 철학을 그 원류로 소개했다. 실제 문헌에서

도 주초부터 춘추 시기까지 리는 단지 경계의 획분과 관직의 칭호를 표시하는 것이었고, 전국 시대에 이르러 리가 사상적 의미를 가지고 유행하기 시작했으나, 주자학에서와 같은 중심적 지위를 차지한 개념은 아니었다. 여기서 왕후이는 리의 직접적인 용례에서 벗어나, 청대 혜동惠棟의 "리의 뜻은, 두 가지를 겸한다"라는 '겸량兼兩'의 정의를 인용한다. 그리고 리의 직접적인 용례가 문헌에 보이지 않더라도 천인, 음양처럼 두 가지 뜻을 겸하는 용어를 추적한다면 고대에 형성된 리 관념의 사례를 풍부하게 살펴볼 수 있다고 주장한다. 혜동의 겸량설은 의미론적으로 성립되는지 줄곧 논쟁이 되어왔지만, 리 개념의 함의로 접근한다면 은상 시대의 전적 속에서 예증을 찾을 수 있을 뿐 아니라 전국 시대의 새로운 정치관 혹은 사회관 속에서도 근거를 찾을 수 있다는 것이다. 다만 문제제기 수준에 그치고 있어서, 리 개념의 계보학을 직접적인 용례와 아울러 그 함의를 통해 사유 영역을 확장할 수 있는지의 문제는 구체적인 논의가 필요하다.

리의 용례에 근거해본다면, 『장자』는 리를 천의에 부합하는 자연의 질서로 명명하며, 만물은 각자의 원리를 지닌 상이한 힘들로 구성되어 있어서, 일방향적 권력관계에 따라 행사하는 힘은 천의에 위배되는 것이라고 이해한다. 『한비자韓非子』에서는 "도라는 것은 만물이 그러한 까닭이고, 만리萬理가 머무는 바이다"라고 하여, 도는 만물이 그리된 까닭이지만 사물의 차이로 인해 도가 각 사물에 내재하는 방식인 리가 각기 다르다고 이해한다. 『관자管子』는 "군주가 말을 할 때는 리에 따르고 민의 상황에 부합해야, 민이 그 말을 받아들인다"라고 하여, 군주는 자신의 일방적인 의지가 아니라 반드시 민의 상황에 부합하는 리에 따라야 안정적인 통치를 할 수 있다고 이해한다. 이처럼 전국 시대에 유행한 리 개념은 천도가 만물을 일방향적으로 지배하는 원리가 아니며 각 사물의 차이에 따라 상이한 리로 분화되어 있다는 뜻을 함축하고 있다. 사회적으로 볼 때 이것은 봉건제의 위기가 발생한 시대에서 혈연종법관계와 예는 효과적으로 사회를 통치할 수 있는 방법이 아니며, 시대적 요구에 따른 새로운 사회관계와 제도가 필요하다는 사실을 반영한다.

전국 시대의 사회제도는 여전히 예제질서의 범주 내부에 있었기 때문에 리와 예는 호환할 수 있는 개념이었다. 즉 리 개념은 예의 범주 속에서 전환되어 나온 것으로 예악붕괴의 국면에서 예의 대체물이라고 할 수 있다. 예악이 붕괴된 시대에 무엇이 진정한 예악질서인가가 문제가 되었으며 유가의 정명, 묵자의 명학은 바로 리와 인식 문제가 연계되어 형성된 사상이라고 할 것이다. 이를테면 "명실의 리를 살핀다"라는 것은 각종 사물을 새롭게 평가하고 일정한 리에 따라 분류하고 명명할 것을 요구한 것이다. 리에서 사물의 조리라는 뜻이 파생된 것은, 리가 사물질서에 대한 분류와 연계되었기 때문이다. 그렇지만 천도라는 보편 개념과 비교해볼 때, 전국 시대의 리는 하위 개념에 불과하여 초월성과 본체성을 지니지 않았고, 현실관계를 제약하고 구성하는 질서의 힘을 뜻하는 수준이었다.

한대에 이르러 리는 분分 혹은 리離라는 뜻으로 풀이되었다.『가자신서賈子新書』「도덕설」에서 "리는 리離의 형상이다"라고 하였고,

정현은 「악기」편의 주에서 "리는 분이다"라고 하였다. 『백호통白虎通』에서는 "예의는 분리가 있다"라고 하였고, 『설문說文』「자서」에서는 "분리를 알면 서로 나누어질 수 있다"라고 하였다. 분리의 개념은 한대부터 청대까지 지속되어, 보편주의적 도덕 개념 내부에서 사물의 개별적인 자주성을 나타냈고, 정치적 측면에서 분권주의적 정치관에 인식론적 근거를 제공하였다.

한말 위진 시대에 황권과 귀족의 권력관계에 중대한 변화가 발생했는데, 황족과 관료세력이 구성한 세가대족의 세력이 부단히 확장되어 제국 내부의 통일 역량이 강화되었다. 이때 실시한 구품중정제의 영향하에서 리는 사람을 평가하는 기준이 되었다. 유소劉卲는 『인물지人物志』「구징제일」에서 리의 분류를 근거 삼아 인간을 평가하여 리 개념이 객관세계의 분류학으로 전환하는 데 기초를 제공하였다. 도덕계보와 제도관계를 재수립하는 과정에서 리 개념은 새로운 분업 및 그에 관한 지식론과 연계되기 시작하였다.

곽상郭象은 리 개념을 제왕정치의 원리로부터 인간을 중심으로 하는 새로운 문화철학적 원리로 전환하였다. 즉 천도론상의 주재적인 천관을 해체하고 개인이 모두 리를 깨달을 수 있다는 만물제동萬物齊同의 관념을 발전시켰다. 곽상의 리 개념은 현학 내부의 왕필·하안의 '귀무貴無'와 배위의 '숭유崇有' 논변 속에서 탄생했다. 곽상은 무가 유를 낳을 수 없다는 것에 관한 배위의 관점을 이어받아 왕필과 대항하였고, 다른 한편으로 유무 사이에서 제삼의 범주 '자생自生'의 관념을 개창하였다. "무릇 천지만물은 변화하고 날마다 새로워지며 시간과 함께 가는 것인데, 어떤 물건이 그것들을 싹틔우겠는가? 저절로 그러할 뿐이다!" 이른바 '저절로 그러하다'는 것은 만물이 모두 근본임을 강조하고, 만물 존재의 최종적이고 유일한 기원을 부정한다는 뜻이다. 사물이 저절로 생겨나기 때문에, 사물의 소이연 역시 저절로 그러하며 절대적 조물주란 것은 존재하지 않는다. 곽상은 유무 사이에서 일종의 '생생生生'의 본체론을 창조한 것이다.

이와 관련하여 중요한 개념이 '적迹'인데, 리와 예의의 관계를 이해하는 핵심적 매개이다. 적의 관념에 따르면, 당시 경사들이 신명처럼 받드는 육경은 선왕의 진적이 아니며, 경전과 천도는 직접적인 관련성이 없다. 곽상은 기계적으로 선왕의 제도를 복제하는 것보다 자연의 리를 따라 행하는 것이 낫다고 인식한다. 이러한 생각은 장자의 '무위이치'의 자연 사상에서 탄생한 것으로, 예, 형, 지, 덕을 하나의 자연적 과정으로 간주하여 주관적 의지와 인위적 역량의 작용을 부정하였다. 자연의 범주인 리와 비자연적이고 인위적인 예를 논리상에서 철저히 분리한 것이다. 리와 적의 이러한 구분은 송명 이학의 리기이원론에 실마리를 제공했다. 정치적 의미에서 볼 때, 리/적을 서로 분리한 목적은 육경과 예법의 절대성을 해소함으로써 '한 사람이 천하를 전제함'에 반대하는 것이다. 그러나 한 사람이 천하를 전제함에 반대하는 것은 군주를 부정하는 것과는 같지 않으며, 무위이치 역시 정치를 부정하는 것과 다르다. 다스리지 않음으로써 다스린다는 것은 자연의 질서에 따른다는 것으로서, 위진 시대에 자연질서의 요체는 군신의 '공동통치'에 있었다. 이런 의미에서, 곽상은 배위와 손성이 유로써 무를 공격하고, 유로써 도를 공격하고, 제왕질서에 합법성을 제공한 것과는 다르지만, 예법을 멸시하거나(죽림칠현), 군주를 부정하거나(포경언), '유가와 도가의 분리'를 주장하지 않았다. 곽상이 리 개념을 상승시킨 것은 통일적 질서를 부정하기 위해서가 아니라, 본체론과 인식론이 합일된 기초 위에서 자연과 예서를 부합하는 관계로 보았기 때문이다.

본체론과 인식론을 합일하는 방식은 도학에서 연원하는 것으로 이학의 선구라고 볼 수 있다. 곽상의 사상과 송학의 '이일분수理一分殊' 개념은 직접적인 관계가 있는 것은 아니지만, 모두 분권주의적 공동통치 경향을 포함하고 있다. 리의 개념은 리 바깥에 존재하는 어떠한 궁극적 실재도 인정하기를 거부하며, 분치의 의미를 내포한다. 리의 관념은 한대 천관 속의 황권과 성인의 절대적 지위를 거부하였고, 문벌사족과 황권 간의 평형관계를 수립하는 정치질서에 근거를 제공하였다.

위진 현학은 리의 형이상학적 성질을 확립하였고, 그 후 불교철학이 이 개념을 운용하는 데에 이론적 자원을 제공하였다. 위진 이래 불교가 점차로 성행하여 불성, 법성, 공무空無로 리를 해석하는 풍조가 끊어지지 않았다. 후세 이학의 발전으로 볼 때, 송학의 본체론과 우주론은 현학과 불학의 계발을 깊이 이어받았으며, 게다가 그것이 천리를 규정하는 방식에도 크게 영향을 미쳤다. 율종의 도선은 묘오의 심으로 리를 해석하였고, 선종의 현각은 불가사의의 현리로써 리를 해석하였고, 삼론종三論宗의 길장은 불성 혹은 제중생각오諸衆

衆生覺悟의 성으로 리를 해석했는데, 모두 송대 이학에 사상적 자원을 제공하였다.

송대 천리 개념의 수립은 새로운 역사적 함의를 포함한 사건으로, 송대 유학의 전환이자 도덕평가 방식의 중요한 전환을 이루었다. 주돈이, 소옹, 장재 등은 각각 리 개념을 운용했지만, 리기이원론의 틀 속에서 리 개념의 지위를 정초한 것은 정호와 정이 형제였다. 그들은 만물은 최종적으로 일리-理로 귀결되며 천, 명, 성, 도는 리의 다른 명칭에 불과하다고 단언하였다. 그들은 한대 유학 속에서 인류사회의 유비에 근거하여 상상한 자연법칙을 이성적 법칙으로 전환했는데, 한송 유학의 진정한 분기는 여기서 시작된다. 이정의 중요성은 리의 범주로 천도론의 자연주의와 도덕 실천을 소통시키려 했다는 데 있다. 정호의 사상에 여전히 도학 우주론의 자연주의 경향이 남아 있다면, 정이의 리기이원론은 인지상의 진전을 이루어 성숙한 도덕이성주의의 틀을 제공하였다.

그러나 정호의 우주론적 사유 속에서는 만물 속에서 도에 역행하여 행해지는 일을 어떻게 해석할 것인지, 악의 가능성 및 도덕생활과 그 가치판단은 어떻게 설명할 것인지 등의 곤혹스런 문제를 해소하기가 어려웠다. 정이는 리기이원론으로 우주론적 천도관 속에 내재한 모순, 즉 실연과 응연의 모순을 해결하여 현대 유학 연구자들에 의해 '이천 년 이래 가장 위대한 유학 사상가'라고 평가되었다. 정이는 리를 기 혹은 구체적인 사물과 명확히 구분하여, 구체적인 사물을 형이하로, 리를 형이상으로 이해하였다. 리는 영원하고 항구적이어서, 인간의 인지 여부에 따라서 존재하거나 증감하지 않고, 우주만물 속의 유무상응으로 인해 흥폐하지 않으며, 사물과 형세의 변화로 인해 존망하지 않는다. 리가 천, 도, 명, 성 등의 유학 범주를 하나로 통합할 수 있었던 것은 모순처럼 보이는 관계를 리의 범주 속에서 종합할 수 있었기 때문이다. 정이의 리는 보편성과 다양성, 내재성과 실재성을 하나로 종합하여 이전과는 다른 사물의 질서를 구축하였다.

주자는 도학의 집대성자라고 할 수 있는데, 주렴계의 태극, 소옹의 수, 장재의 기, 정씨 형제의 형이상·형이하 및 리기의 분을 융합하고, 리/기, 태극/무극, 성/정, 격물/궁리 등의 범주에 대한 해석을 통하여 천리를 중심으로 하는 형이상학 체계를 정립하였다. 주자의 성즉리 명제는 위로 정이의 논술을 이어받아 리기이원론의 전제 위에 수립되었으며, 현실 사물이 부단히 변화하는 우연적 세계를 구축하였다. 천리 개념의 확립은 윤리도덕이 반드시 선험적 리를 근원으로 삼아야 함을 명시하고 있다. 즉 구체적 제도, 예의 및 윤리가 아니라 만물에 편재하는 리를 도덕의 최고 표준으로 삼은 것이다.

주자와 동시대인인 육상산陸象山은 우주와 내 마음을 하나로 합하는 심일원론을 통해, 리기이원론이 창조한 리와 물질적 세계 사이의 내재적 긴장을 해소하였다. 그러나 그의 심은 물질로서의 심이 아니라 우주 간에 가득 찬 리 자체라고 할 수 있다. 주희와 육상산은 성즉리와 심즉리, 격물과 격차물格此物이라는 경로의 차이가 있으나, 그들의 우주론과 도덕론은 모두 리와 그 질서관을 중심으로 삼는다.

심일원론은 내재적 방식으로 리를 심으로 귀결시킨 것이다. 주자와 상산은 모두 삼강오상을 근본으로 하는 예의와 제도를 중시했으나, 삼강오상은 인위적인 예의와 제도가 아니라 자연에 내재된 질서였다. 이런 의미에서, 도덕판단의 척도가 된 것은 리였으며 예악, 제도 혹은 윤리 실천의 가치와 의미는 리를 체현하고 부합하는가에 의해 결정되었다.

이학 우주론이 체현한 도덕평가 방식은 선진 예악론과 한당 경학이 창도한 도덕평가 방식의 지양이라고 할 수 있다. 인간의 도덕적 입장이 반드시 우주질서 혹은 본질적인 질서로부터 인식되어야 한다면, 어떻게 이 질서를 이해할 것인가가 도덕이론의 중심 문제가 된다. 사물의 표면에서 우주의 질서와 의미를 깨닫거나, 우주를 인간의 본성과 관계없는 냉혹한 사실 혹은 추상적 명령으로 이해하는 사람은 우주질서를 이해할 수 없다. 우주질서 혹은 천의 과정 자체는 인간의 내재적 방면에서 인증을 얻을 수 있는 질서와 과정이기 때문이다. 그래서 북송 도학의 인간, 만물 및 도덕의 기원에 대한 추구는 필연적으로 지식론 혹은 인식론과 연계되어 있었다. 천리와의 합일을 위한 도덕적 고뇌는 궁극적으로 어떻게 천리를 인식하고 도달할 것인가라는 인지의 실천으로 전환된다. 성즉리인가 심즉리인가, 격물인가 격심인가 등 도학 내부의 분화는 대부분 인지 실천의 문제 속에서 발생한 것이다.

3장　　예악과 제도의 분화

송대 정통주의

왕후이는 선진 유학 및 한당 유학에서 송대 이학으로의 도덕평가 방식 전환에 대해 계보학적으로 고찰한 후, 그 전환이 지닌 사회사상사적 의미를 다음과 같이 정리한다.

첫째, 천리적 세계관은 선진 예악제도의 회복을 목표로 삼았으며, 또 현실의 예악과 제도를 도덕평가의 객관적 기초로 삼기를 거부했는데, 이 태도는 아래와 같은 판단 위에서만 수립될 수 있었다. 즉 한당 이래의 제도는 이미 예악과 서로 분리된 제도로서, 도덕평가의 객관적 기초를 제공할 수 없으며, 따라서 반드시 제도론 바깥에서 도덕평가의 전제를 구상하여야 한다. 둘째, 천리적 세계관은 변화를 인정하는 역사관 위에 수립되었으며, 삼대로 되돌아가고, 예악과 제도의 통일적 관계를 재구축한다는 태도는 최종적으로 천리를 인지, 체득 및 실천하는 과정 속에서 실현된다. 그래서 도덕평가에서 그것이 한당 천명관과 제도론을 거절하는 것은 결코 선진 예악론의 회복이 아니라 천인관계를 재구축하고 시대 변화에 적응하는 도덕평가체계를 형성한 것이다. 셋째, 천리적 세계관은 예악과 제도의 합일을 도덕적 이상으로 보았으나, 이 도덕적 이상은 최종적으로 반드시 사의 도덕 실천 속에서 실현되어야 한다. 상술한 여러 특징 가운데에서, 관련된 예악 및 제도와 분화가 일어난 역사의식이 하나의 중심 문제를 이루었다.─만약 이 분화의 의식과 시야가 없다면, 선진 유학과 전제典制로 되돌아간다는 문제는 존재하지 않을 것이며, 천리의 범주로서 천인관계를 재구축할 필요성도 존재하지 않을 것이다.[6]

왕후이는 송대 이학의 천리적 세계관이 도덕평가 방식을 전환한 이유가 한당대에 이르러 예악과 제도가 합일된 이상적 질서가 붕괴되어 선진 유학과 같이 예악을 통해 천의를 이해할 수 있는 방법이 사라지고, 주체의 내재적 도덕 실천을 통해 천인관계를 재구축해야 하는 시대적 필요성에서 연원한 일이라고 인식한다. 여기서 왕후이는 유학 도덕평가 방식의 전환을 '예악과 제도의 분화'라는 범주와 연계시켜, 예악과 제도가 분화된 현실

6　汪暉, 『現代中國思想的 興起』, 上卷 第1部, 212~213쪽.

의 위기와 이를 재합일하는 도덕 실천 과정에서 각 시대 유학의 도덕 평가 방식의 전환이 이루어진 것이라고 이해한다. 사회정치적으로 볼 때 이 문제는 유학의 이상적 질서인 봉건제가 붕괴되고 황권 중심의 군현제 국가로 전환해나가는 현실을 반영하는 것이다. 예악과 제도의 분화라는 시각은 북송 시대 유학자들이 역사를 관찰하는 보편적 시야가 된다. 특히 구양수歐陽修의 『신당서新唐書』「예악지」에서는 삼대 이후 예악과 제도가 분리되었다는 시각을 정립하여, 삼대와 진한수당 등 후대 왕조를 평가하고 현실의 도덕정치 상황을 설명한다. 삼대 이후 "예악이 허명이 되었다"라는 말은 예악이 여전히 존재하지만 이미 형식화되어 정치, 경제 및 군사제도와 완전히 분리되었을 뿐 아니라 백성을 교화하고 풍속을 이룰 수가 없음을 보여준다.

구양수의 예악과 제도의 구분은 송대 정통주의의 표현이며, 예악과 제도의 합일은 유가의 도덕적 이상이라고 할 수 있다. 아울러 이 문제는 동한 말기 이래 한족과 이민족이 혼용되어 형성된 남북 분열의 역사와 관련되어 있다. '남북의 중국사'라는 시각은 역사의 산물로서, 이는 장강 유역이 중국 정치생활 속에서의 지위가 상승함에 따라 비로소 출현한 것이다. 4세기에, 이민족인 흉노, 갈, 선비, 저, 강이 북방 지역으로 진입하여 이른바 '다섯 오랑캐가 중화를 어지럽히는' 국면이 형성되었다. 311년 영가지란永嘉之亂 후의 300년간 북방에 진입한 이민족이 거주민의 절반을 차지하였으며, 종족 모순이 극히 첨예해졌다. 남북 충돌의 배경하에서 정치적 합법성의 표지로서의 예악은 매우 중요한 것으로 변했다. 남방에서는 동진, 송, 제,

중국 사상과 대안 근대성

량, 진의 300년간 계속 한족 천자를 받들었고, 원래 북방에 거주하던 대족, 현귀, 갑성이 남방으로 이주하면서 황권이 쇠락하고 문벌이 정권을 잡는 국면이 조성되었다. 이러한 국면은 강렬한 봉건 색채를 드러냈으며, 군주 집권제를 중시한 북방제도와 중요한 차별성을 이루었다. 이 시대의 남방 예악문화는 전쟁, 이주 및 민족 충돌의 역사적 과정에서 탄생하고 전파된 것으로서, 남북 충돌은 불가피하게 민족 충돌의 함의를 담고 있으며 문화적 정통성 투쟁을 격렬하게 만들었다. 유학 정통주의적 시야는 남방문화를 예악으로 이해하고 북방문화를 제도의 범주에 귀결시켜, 북방제도가 예악의 도덕성을 결여하고 있다고 규정하였다.

그런데 북송대에 시행된 황권 중심의 군현제와 관료체제, 과거제, 양세법 등은 삼대 예제의 가장 중요한 내용인 봉건제, 정전제, 학교 등의 이념에서 벗어난 기능주의적 제도였다. 예악과 제도의 분화는 객관적인 역사적 사실이라기보다는 진한 이래 정치 체제와 윤리 변화를 바라보는 송대 유학자들의 도덕적 시각이라고 할 수 있다. 그들은 이러한 시각을 통해 자기 시대의 제도와 도덕적 상황을 판단하였고, 새롭게 나타나는 정치, 경제, 사회의 각종 문제를 유교의 이상적 질서와 연계지어 사유했다. 그러나 송대 유학이 복고적 태도를 취하긴 했지만 군현제가 봉건제를 대체한 역사적 합리성을 인정하고 있었기 때문에, 어떻게 군현제하에서 봉건의 정신과 그 예의 조건을 재구축하는가의 문제가 주요한 관심사였다. 그들은 과거를 통해 벼슬을 얻어 직접적으로 정치 실천에 참여하기도 했고, 종족과 지방 계보를 재구축하여 사신 분권정치의 기초를 형성하고, 도학 실천을 위해 정치를 멀리하거나 사의 자주성으로 새로운 도덕 중심의 근본을 구축했다. 그래서 송대 이학은 광범한 사회정치적 사유와 실천을 포함하고 있다. 천리를 중심으로 하는 격물치지와 도덕수양을 통해 종족의 회복, 사당의 건립, 전제의 변별, 과거제 비판, 이하의 구별, 지방자치의 주장 등 주요한 사회정치적 문제를 사유하고 실천했던 것이다.

복고적 실천론

왕후이는 예악과 제도의 분화라는 시각을 통해 송유의 사회정치적 실천방식을 고찰한 후 주요 사회정치적 문제인 종법, 토지제도와 세법, 과거제도, 내외 문제 등에 대해 분석한다. 먼저 종법의 문제에 대해 살펴보자. 동한부터 당말까지의 수백 년간, 세가대족 제도는 실제로 장전제莊田制 경제와 문벌사족 제도의 결합체였으며, 이 체제의 분권 형태와 봉건예의는 밀접한 관계가 있었다. 귀족제가 와해되면서 당대 후기 정부는 새로운 각급 정부기구를 세워 징세를 책임지게 하고 병역을 조직하며 사회를 관리하지 않을 수 없었다. 이로 인해 사회의 엘리트 계층은 세습귀족 뿐만 아니라 지주, 상인, 직업군인 및 각 분야의 전문가들을 포괄하게 되었다. 북송 시대의 대가족은 당대 귀족의 후예가 아니었으며, 그들은 태반이 과거에 의지해 벼슬

길에 진입하여 높은 지위를 얻었다. 새로운 사회 조건하에서, 송조 통치자와 도학가들은 모두 종법을 재건하고 정치상에서 새로운 집권/분권 체제에 이론적 기초를 제공하려고 했다. 이 때문에 군현제 하의 봉건 문제는 종법 가족제도의 변천 문제에 집중되었다.

송대 통치자와 사신 계층은 『예기禮記』의 '경종수족敬宗收族'을 통하여 도덕정치 공동체를 재구축하려고 했는데, 구체적 방법은 사당을 건립하고 족전族田을 두며 가보를 편찬하는 것이었다. 송대의 황권체제는 번진할거藩鎭割据 세력과의 투쟁 속에서 생산된 것으로 행정, 군사 및 경제제도는 모두 귀족체제를 없애고 할거세력을 방지하는 것을 목표로 삼았다. 장전제의 와해는 국가가 농호를 국가호적에 넣고, 개별 가정을 중심으로 하는 조전租田관계가 보편화된 농업 경영체제를 형성하는 데 유리했다. 이 생산관계와 고용관계의 상대적 자유는 사회의 유동성을 조성했고, 기존의 사회조직관계는 해체의 위험에 직면했다. 그래서 송 정부는 경종수족을 장려했는데 목적은 지주제를 중심으로 하여 중앙집권적 행정, 부세 및 병역체제의 사회적 기초를 형성하고 지지하는 것이었다. 이런 배경하에서 도학가들은 종법을 회복하고 족보를 중수하는 노력에 열중하였다. 종자법宗子法이 의도한 것은 서주의 종법식 가족제도이고, 족보학이 의도한 것은 위진 수당 시기의 세가대족 식의 가족제도였다. 그들은 종법과 족보의 재구축을 통해 원한의 분쟁을 수습하고, 재부財富를 균등히 분배하려고 했다. 정이와 장재는 엄격한 가법과 족규(씨족의 규범)의 건립을 주장하며 가제치국의 논리를 따랐으며, 주희朱熹는 『고금가제례』, 『가례』 등의 책을 편집하고 종족이 모이는 사당을 설계했다. 주희는 조상 제사와 족전 및 종자의 설립을 통해 군현시대 지주제의 기초 위에서 초기 종법 분봉의 정신을 회복하려고 했다. 또 주희가 주창한 향약은 종법과 가족 실천의 확장이라고 볼 수 있으며, 신흥지주제를 기초로 군현제와 조화되는 지방자치 형식을 창조하려고 했다. 사당, 가보 및 족전을 주요 특징으로 하는 종법제는 중앙집권적 군현제에 적응하며 송원명청 시대의 보편적 사회조직 형식이 되었다.

다음으로 토지제도와 세법에 대해 살펴보자. 세습적 귀족제도의 와해는 당송 시대 토지제도, 세법의 변화와 연계된 현상이다. 당 중엽 이후 토지겸병이 가속화되면서 인구 유동이 날로 심각해졌고, 균전제하의 농민과 중소지주가 우세를 점하던 경제관계는 파괴되기 시작했다. 균전제의 와해는 토지겸병과 토지사유제 확립의 결과라고 할 수 있다. 토지점유관계의 변화로 인해 조세제도상에서 기존의 조용조제租庸調制가 와해되었는데, 이는 인구의 유동으로 인정人丁을 기본으로 하는 조용조세가 유지되기 어려웠기 때문이다. 토지, 인구, 조세가 지방세력에 의해 대량으로 침탈되는 상황하에서, 당 정부는 호세와 지세를 위주로 하는 양세법 개혁을 추진하지 않을 수 없었다. 양세법이 재산의 많고 적음을 징세의 기준으로 삼았기 때문에 조세 부담이 확대되었고, 토지사유권과 농민의 권리가 세제상에서 한계 설정됨에 따라 중앙왕권과 지방의 지주는 독립적 이익을 추구하는 주체가 되었다. 이것이 시장관계와 상업문화의 기초가 되면서 토지겸병이 확대될 수 있는 제도와 정책으로 기능하게 되었다. 양세법이 자유로운 시장관계를 제공하여 토지겸병과 양극화의 길을 열어준 것이다. 이러한 상황 하에서 송대 유학자들은 삼대 정전제의 이념을 통해 토지겸병과 양세법을 비판했다. 장재는 51세에 횡거진으로 돌아와 소규모의 정전제 실험을 통해 삼대 제도를 회복하려고 노력했다. 호굉은 균전을 삼대 제도의 회복의 전제로 보았고, 정전이나 봉건문제를 천리/인욕, 공/사 등의 범주를 통해 이해했다. 주희는 「개천맥변」에서 분봉수전제의 붕괴가 낳은 후과를 분석하면서, 양세법 등의 제도가 분봉수전제의 폐단을 극복한 측면이 있지만 성현 제도의 도덕적 함의를 잃어버렸다고 비판했다. 송유들은 삼대 지치로 현실 제도와 그 사회적 후과를 비판했으나 정전제 등의 구제도의 회복을 통하여 문제가 해결될 수 있다고 생각하지는 않았다.

다음으로 과거제도에 대해 살펴보자. 한문제로부터 정식으로 실행되기 시작해 800년간 계속된 선거제는 수대 이후 정식으로 과거제로 대체되었고, 인재 선발 기준이 덕행에서 지식으로 바뀌었다. 복송 시대에 과거제에 중대한 변혁이 일어나 관원 선발의 경로가 되었을 뿐 아니라 사대부의 인격과 기능을 검증하는 기준이 되었다. 그리고 전에 없던 방대한 문관체계와 복잡한 과거시험 과목을 만들었으며, 공천제도의 폐지, 전시제도의 확립, 권귀자제의 별두시別頭試의 억제의 확대, 쇄원제도와 호명, 등록법 등의 실시를 통해, 송대 과거제도는 지주 계급과 상층 농민, 각 계층 사인에게 평등한 경쟁을 위한 제도적 조건을 제공했다. 송대의 많은 뛰어난 관료가 과거 출신이며, 사대부 계급의 사회적 지위는 전에 없이 높아졌다. 이러한 배경하에서 경력 신정 시기에 반포한 「상정공거조제詳定貢擧條制」로부터 왕안석의 신법에 이르기까지, 경전의 묵수를 바꾸고 경서의 의리義理를 발휘할 것을 주장하는 것이 공거 개혁 가운데 하나의 중요한 조류가 되었다. 북송 시대에는 의리학과 주석학의 첨예한 대립이 출현하였다. 의리학은 주로 과거시험 속의 한당 주석학에 대립된 것으로서, 범위가 도학보다 광범하다. 그러나 의리학 내부에는 깊은 충돌이 있었는데 이구, 왕안석의 의리학과 도학 사이의 첨예한 대립으로부터 남송 시기 진량과 주희의 격렬한 논변에 이르기까지, 의리학의 분기가 의리학과 주석학의 충돌보다 더욱 첨예하고 장기적인 모순을 구성하였다. 그 차이를 보면, 의리학의 질의는 국가를 다스리는 데에 과거의 내용이 무용하다는 것이었으나, 도학의 질의는 과거취사제도가 도덕정치 평가의 기초를 제공할 수 없다는 것이었다. 왕안석이 채용한 방법은 교육의 내용을 바꾸고 사대부와 제도의 통일적 관계를 강화하는 것이었으나, 새로운 제도적 조건하에서 삼대를 본받는다는 이상적 건의는 완전히 제도와 정책 속에서 실현되기 어려웠다. 왕안석 자신이 권력을 잡고 희녕熙寧의 신법을 추진할 때에도 그가 할 수 있었던 것은 주로 과명과 과목을 조정하는 것이었다. 더욱 심각한 것은, 개혁 정책이 기대한 효과를 얻지 못하고 오히려 새로운 문제를 야기했다는 점이다. 경의經義를 채용한 것이 태학의 사생관계가 과거장으로 이어지는 결과를 초래했다. 또 명경·제과를 폐지하고 진사과에서 경의를 이용하는 방식으로 전환했으나 북방 사인과 남방 사인 사이에서 형평성을 보장하기가 여전히 어려웠다. 신법 개혁을 통해 제도를 재구축하고 사상과 지식을 통일하려고 했지만 결국 예악과 제도의 합일이라는 효과를 얻지는 못했다.

다음으로 내외 문제에 대해 살펴보자. 송학의 정통관, 우주론 및 그 지식주의는 수당 이래 삼교합일의 문화적 분위기 속에서 탄생된 것인데, 삼교 중에서 주도적 위치에 있었던 것은 불교였다. 송학은 불교·도교를 공격하려면 반드시 우주론과 본체론상에서 무를 깨고 유를 세우며 허로부터 실로 되돌아가야 했고, 체계상에서 감성적 현실세계를 긍정하는 세계관과 그 도통 계보를 수립해야 했다. 불교·도교에 대한 이학의 비판은 관념론적 층위에만 머물지 않았으며 일상생활의 예의와 풍속의 변천 속에서 격렬히 투쟁하는 것이었다. 불교의 출세주의는 추상적 철리哲理로 효 중심의 종법윤리와 투쟁했을 뿐 아니라, 상례나 장례 활동 같은 가정 내부의 활동 속에 스며들어, 전통적 가정 예의에 대한 중요한 위협이 되었다. 일상 예의에 대한 불교의 영향을 차단하는 과정에서 이하지변(夷夏之辨, 오랑캐와 중국의 구분)은 유학 정통주의를 확립하는 데 중요한 역할을 했다. 한유韓愈의 「원도」는 맹자를 추존하고 『대학』을 끌어와 도통의 개념을 제기하였고 공자의 도로 석가와 노자의 설을 배척했는데, 송학은 한유의 도통론을 적극 수용했으며 불교 배척은 이하지변의 범주 속에서 전개하였다. 이하지변의 정통주의의 틀 내에서 불교를 배척한 것은 당송 시대 남방과 북방의 역사적 충돌에 호응한 것이기도 하다. 12세기 송나라의 남천은 중국 역사에서 4세기 진나라의 남천에 이은 두 번째 남북 대치의 시대를 열었다고 할 수 있는데, 송대 사대부들은 강렬한 이하 분별의 의식을 가지고 있었다. 이로 인해 송대 경학에서는 『춘추』학이 매우 흥성했다. 양송 『춘추』학의 중심은 존왕양이尊王攘夷였으며, 존왕은 중앙집권정치의 발전에 적응하는 것이고, 양이는 첨예한 민족 충돌에 조응하는 것이다. 이러한 사상적 배경하에서 불·노에 대한 배척은 존왕양이의 관념과 내재적 연계를 지니고 있었다. 그러나 이학가들은 이하지변을 논하면서도 이를 민족관계로만 바라보지 않고, 어떻게 덕정을 형성하고 사정邪正을 변별할 것인가를 중시하며 도덕관계의 내부 문제로 이해했다. 즉 정통주의 시각에서 남북 문제는 민족 충돌 혹은 내외이하의 문제일 뿐 아니라 사회제도의 도덕성을 평가하는 합법성의 문제로 보았던 것이다. 송대의 군현제, 관제·전제 및 과거제는 모두 한당 시대를 답습하고 북방 제도문화의 영향을 깊이 받았는데, 이학가들은 바로 내외 정통의 관념에 호소하여 현실 제도의 합법성을 추궁하고 이것이 송대 위기의 근원이라고 비판했다.

예악과 제도의 분화라는 시각이 농후한 복고주의와 정통주의의 경향을 띠긴 했지만, 삼대에 대한 송유의 추숭은 역사적 변천에 대한 승인을 전제로 한 것이다. '천리'라는 개념 자체는 시대의 변화, 즉 시세에 대한 이해를 포함하고 있기 때문이다. 중앙집권적 관료제, 과거제 및 선관제, 양세법과 상업관계, 장거리무역 및 화폐 정책, 세습귀족제도의 철저한 와해, 지주제 확립 및 사의 위상 제고 등은 송대 사회 체제의 주요 특징을 이루었다. 도학은 이 체제가 선진 예악의 정신을 상실했다고 비판했지만 삼대의 제도를 완정하게 회복하기를 요구하지 않았으며, 군현제 국가 내부에서 봉건 이상을 회복하고자 노력했다.

주희는 『주자어류』 권139에서 유종원이 봉건을 논한 것에 대한 진중위의 답변을 기록하면서, '자연의 이세理勢'의 범주로 군현제가 봉건제를 대체하는 역사에 합법성을 제공했다. 즉 봉건제도 자연적이 아니고 군현제도 자연적이 아니며, 봉건제가 더 이전의 제도를 대체하고 군현제가 봉건제를 대체한 역사적 과정이 바로 자연적이라는 것이다. 만약 진이 육국을 공격하여 패배시키고, 군현이 봉건을 대체한 것이 모두 자연의 이세가 그렇게 한 것이라면, 삼대를 추숭한 송유는 삼대 봉건체제 자체를 도덕적 평가 판단과 정치적 상상의 근거로 삼을 수 없다. 제도 자체는 도덕 가치를 체현하고 있지 않아서, 역사 변화에 내재한 자연법칙을 도덕평가의 기준으로 삼아야 한다는 것이다.

예악에 대한 추숭은 예악으로부터 이탈해 있는 제도에 대한 비판이면서 새로운 예악으로서 향약의 필요성에 대한 논증이기도 한데, 그 목적은 혈연관계와 지연관계를 기초로 하는 윤리관계를 새롭게 발전시키는 것이다. 이것은 단순한 복고가 아니라 격물치지를 통하여 정확하고 합당하며 그 분수에 맞는 사물의 리에 대한 인식을 획득하여 리와의 합일에 도달하는 것이다. 공자 윤리학의 내재적 긴장이 이상화한 삼대의 제도와 현실 질서 사이에 존재했다면, 천리적 세계관의 내재적 긴장은 만물에 내재하는 리와 현실 질서 사이에 존재했다고 할 수 있다.

주희의 말에 따르면, 산하대지가 함몰하는 것도 리의 영원한 존재에 영향을 미칠 수 없으며, 리는 순수한 존재 영역으로서 물物의 세계와는 다른 세계에 속한다. 리는 내재적이면서 초월적이어서 경험 세계 속의 사물과 그 질서는 해당 사물의 내재적 본질에 반드시 부합하지 않는데, 이로 인해 물의 세계와 리의 세계는 구분될 수밖에 없다. 물과 리 혹은 리와 기의 구분 때문에, 즉물궁리卽物窮理의 인식론은 이학의 중심 문제를 이루었고 이학 내부의 장기적 논쟁을 촉발하였다. 이런 의미에서, 송대 이학은 '성리지학'이었으며 규범윤리학 혹은 제도윤리학으로부터 도덕/정치 영역의 형이상학, 심리학 및 인식론으로 전환된 사유체계였다. 그러나 이 성리지학의 배후에는 예악과 제도의 분화와 관련된 복고주의적 역사 시야가 시종 존재하고 있었다. 이 역사 시야와 현실 정치 사이에는 강력한 상호 영향 관계가 있었고 예악, 정치 및 경제관계의 재구축을 도덕평가의 객관적 전제로 삼으려는 노력이 성리지학의 다른 일면을 이루고 있었다. 응연과 실연의 이원적 구분이 송대 윤리학의 기원을 표현하고 있다면, 천리는 이 구분의 사회적 기초와 역사적 조건에 대한 격렬한 비판이라고 할 수 있다. 이러한 이원론의 극복이 송대 이후 유학의 도덕/정치 담론의 중심 과제가 되었다.

4장　송명 유학과 천리적 세계관

주자학

왕후이는 예악과 제도가 분리된 이원화된 상태를 극복하여 다시 합일된 세계로 재건하는 일이 송대 이후 유학의 자기전환과 밀접한 관련이 있다고 이해한다. 세계가 이원화되었다는 것은 그동안 만물을 주재하는 초월적인 힘으로 승인된 것을 부정하고, 세계가 물리적인 기가 활동하는 세속의 세계로 전환되었다는 것을 뜻한다. 이에 대해 미조구치 유조는 송대 주자학이 초월적이거나 혹은 알 수 없는 힘의 지배로부터 인간을 해방시켜 자신의 이성으로 세계를 인식하기 시작했다는 점에서 '사건적'[7]이라고 이해했다. 즉 우주자연과 인간사회의 물의 세계를 지배

7　미조구치 유조, 동국대 동양사연구실 옮김, 『중국의 예치 시스템』, 청계, 2001, 26쪽.

하던 초월적인 주재자의 존재가 부정되면서 세계는 이제 천의가 숨어버린 물리적인 기의 세계로 바뀌었고, 천의는 외부의 권위가 아니라 인간의 주체적인 인지와 체득을 통해서만 현현할 수 있다는 인식 전환이 이루어졌다는 것이다. 왕후이는 미조구치 유조가 말한 주자학의 사건적 의의를 수용하면서도, 도덕정치학으로서 유학의 특성에 더욱 주목하여 예악과 제도의 분리 및 합일이라는 시각으로 송대 이후 유학의 자기전개 과정을 조명한다.

격물치지는 기존의 초월적 힘 혹은 예악질서가 부정된 세계에서 만물과 인간사회에 대한 인지와 체득을 통해 그 속에 내재된 보편 법칙을 새롭게 구축하는 과정이다. 이학자들은 가치와 사실이 이원화된 세계에서 격물치지의 방법을 통하지 않으면 우주자연에 대한 인식과 아울러 인간의 도덕적 행위의 근거를 찾을 수가 없다고 인식했다. 이런 맥락에서 왕후이는 유학 도덕담론의 변화에서 예악/제도 틀에 대한 회의가 없었다면 물은 사실범주로 탈바꿈하지 못했을 것이며, 물 배후의 숨겨진 질서(천리 혹은 성)를 가정하지 못했다면 격물치지 속의 물의 개념 또한 출현할 수 없었을 것이라고 이해한다. 물은 최종적으로 천리라는 보편 법칙 혹은 내재적 본성으로 귀결되지만 물의 실재성은 공맹유학에 비해 크게 강화되었다. 주희는 리와 기를 우주와 인간의 요소로 간주하여, 리가 내재적 본질과 조리이고 기는 물리적 세계와 인간의 감성존재(감정, 감각, 욕망 등)를 구성한다고 생각했다. 그는 리에 대한 인식이 반드시 경험지식의 축적과 체험을 통해야 함을 강조했으며, 윤리적인 측면에서도 구체적인 규범을 통해 보편적 도덕원리로 상승할 수 있다는 점에 주목했다. 격물치지의 최종 목적이 천리를 파악하는 것이지만 이러한 과정 자체가 구체적인 사물에 대한 인식 경험과 폭넓게 연관되어 있다고 생각했기 때문이다. 주희의 세계에서 사물은 각기 자신의 '분수分殊'의 성을 가지고 있다. 이러한 내재적 원리가 물의 유형적 속성을 가능하게 하며, 물과 그 유형적 속성의 합일은 지선과 조화로운 우주질서를 가정하기 때문에, 물은 기계론적 자연관이 지배하는 사실 개념과는 차원을 달리한다. 천리 개념과 그 질서관은 사실과 가치를 내재적 방식으로 연계시키고 있으며, 도덕적 실천 과정에서 예제론의 틀에서 벗어나지 않는다. 그래서 격물치지는 주체적인 도덕 실천이자 내재적인 본성에 대한 성찰이며, 우주만물에 대한 객관적 인식을 목표한 것은 아니다. 주희에게 리는 물의 객관 상태가 아니라 물의 질서가 합당한 상태를 뜻한다. 성즉리는 바로 물의 세계와 윤리의 관계를 처리하기 위해 만들어진 범주인 것이다.

성즉리의 명제는 '복성復性'으로 선진 유학의 '복례'를 대신하여 인성론을 재건하려고 한 것이다. 정주의 성 개념은 우주론 또는 천리관의 틀에서 기성己性, 인성人性과 물성物性을 하나로 통일시켜 더 이상 맹자처럼 인성을 순수하게 다루지 않는다. 정호의 견해에 따르면, 성은 도(우주의 보편 본질)인 동시에 기(만물이 가지고 있는 성)이며, 또한 개별적인 성(만물의 각기 다른 성)이다. 성즉기의 명제는 장재에서 기원하며 이것은 우주가 성도性道를 우선으로 하지만 동시에 악의 현상이 어떻게 나타나고 있는지를 설명해준다. 만물에 각기 종류가 다른 성이 존재한다면 천리는 분리의 함의를 포함하고 있다. 여기에서 분은 합당한 자연질서 속에서의 합당한 자기 위치이며, 물의 자기 본성으로 회귀를 말한다. 우주 구성 원리로서 천리는 수직적인 체계가 아니라 사물이 각자의 리에 따라 함께 편재된 질서이다. 천리를 인간사회로 확대하면, 성즉리는 일정한 절차를 통해 부모와 자식의 사랑, 임금과 신하의 의로움, 부부의 구별, 어른과 어린이의 차례, 친구 간의 믿음을 밝히는 것이다. 이른바 사랑, 의로움, 구별, 차례, 믿음은 예악과 제도가 분리된 질서와 구별되는, 주자가 강조한 합당한 관계가 구현된 질서이다. 합당한 관계는 이상적인 질서일 뿐만 아니라 현실 속의 군신관계에 대한 비판의 뜻을 포함한다.

주자가 말한 합당한 관계는 수직적인 질서가 아니라 자연/응연의 관계에 따라 세워진 상호 보완적인 등급관계라고 할 수 있다. 주자의 도덕정치론은 종법, 혈연, 지연관계를 재건하려는 노력과 밀접한 관계를 지니고 있으며, 그의 종법, 향약, 사학 등 사회조직과 원칙은 중앙집권적 군현제와 평형관계를 이루고 있다. 즉 지주, 사신을 중심으로 하여 향약과 종법을 통해 도덕, 경제와 정치가 서로 통일된 사회기초를 재건하는 것이었다. 주희는 『고금가제례』와 『가례』 두 책을 집필하여 가족의 예의와 절차를 상세하게 제정했으며, 사당과 족전의 필요성을 논증했다. 송대에는 이 향약의 구상과 황권을 중심으로 하는 군현정치 사이에 비판적인 관계가 존재했다. 향약은 혈연, 지연과 인정을 유대로 하여 세워진 기층사회 관계이지 단순히 황권 아래 행정 관료가 실시한 법규질서가 아니었다. 형법이 국가에 의해 폭넓게 강제로 실시되며 그 실천은 형식화되고 제도화된 권력 시스템에 의존한다면, 향약은 민간의 상호 왕래로 형성된 정서적인 특징을 지니며 그 실천 과정은 지역 또는 혈연공동체의 연계에 의존한다.

주희가 생활했던 남송 시대에 향약에 대한 구상은 두 가지 측면에서 사회적 의미를 내포한다. 한 측면으로 향약체제는 명문대가의 가족제도 와해를 전제로 하는 사회 체제로서, 황권을 중심으로 하는 군현체제와 긴밀한 관계를 가진다. 다른 한편으로 향약의 사회 구상에는 당송 이후 황권을 중심으로 하는 정치, 경제 그리고 문화제도 사이에 긴장관계가 존재한다. 이러한 긴장관계는 도덕평가 방식의 충돌 이외에, 어떠한 근거로 향촌을 조직하고 토지를 분배하며, 지주, 사신 계급의 사회적 지위를 어떻게 평가하느냐의 측면에서 나타난다. 주자와 다른 이학자들은 신사-지주제를 찬성하고 황권 관료 체제에 대한 비판을 통해 향촌사회를 조직했다. 그들은 덕치를 원칙으로 삼고 향약의 형식과 종족제도를 매개로 지방사회의 질서를 세우고자 하였다. 따라서 황권 주도하의 수직적인 질서관과 충돌이 발생했지만, 지주제와 황권 중심의 국가 체제의 충돌 관계는 지속불변한 것은 아니었다. 예컨대, 가묘와 사당의 함의는 시대에 따라 변화했으며, 황권 및 그 정치제도와의 긴장관계는 나날이 완화되었다. 남송 말기 이학이 조정의 정통으로 존숭되었을 때 독립된 사당 건축은 곧바로 쇠락하였고, 조정 관원들은 향현 사당에 대해 더욱 직접적인 관할권을 얻게 되었다. 이것은 조정 주도권에 대한 인정이었으며 중앙정부가 사당을 통제하는 시작이었다.

명말청초에 이러한 관계는 상당히 안정되어 더 이상 관/민, 국가/사회와 같은 양극 대응의 방식으로 분석할 수 없는 상황이 되었다. 명말 이후 향약을 중심으로 하는 윤리 규정은 『태조육유』, 『성유광훈』 등 황제가 하달한 유지로 대체되었다. 향약조직 또한 점차 보갑제와 결합하여 이른바 향약보갑제가 주류가 되었고, 청대의 향약은 지방관리 지도하에 모든 지역을 아우르는 국가제도가 되었다. 이러한 역사적 맥락을 이해해야만 우리는 명말 이후 유학 사상이 왜 반예교 경향(이지가 향약을 극도로 혐오하고 대진이 천리살인天理殺人에 대해 엄정하게 항의한 것 등)을 내포하는지 이해할 수 있다. 향약과 국가제도의 내재적 긴장은 이미 상호 조화의 관계로 전화되었으며, 초기의 비판성은 종법주의로 변질되었을 뿐만 아니라 이갑제도와 서로 조화를 이루었던 것이다.

양명학

주희의 세계에서 격물치지, 향약과 예의의 실천은 관료제도와 긴장관계를 유지하고 있지만, 명청 시대 주자학은 이미 관학제도의 내재적 요소가 되었다. 향약과 종법윤리가 나날이 상층부 정치제도와 호응하는 사회 체제가 되면서, 주자학의 주된 관심사였던 지주향신체제는 더 이상 황권 대일통 체제에 대해 비판적 함의를 가질 수 없게

중국 사상과 대안 근대성

되었다. 이학의 지도하에서 예교와 황권제도의 공존은 명청 시대의 중요한 사회적 특징이 되었는데, 이러한 배경에서 우리는 주자학에 대한 양명학의 비판과 지양을 이해해야 한다.

심학心學의 격심설은 내재적 도덕 실천으로 외재적 절차 및 물질을 배척하는 구상이며, 심일원론으로 리기이원론에 대항하는 과정을 통해 심의 주체적 지위를 확립하였다. 심학은 물의 실재성을 부정하는 가치 성향을 지니고 있지만, 이것은 지식을 반대하는 것이라기보다는 남송 이후 과거시험을 반대하는 지식 성향이라고 할 수 있다. 심학은 양지와 천리의 실천 내용을 바꾸지 않았으며, 이론적으로 줄곧 내재적 심에서 사회도덕 실천으로 전환하는 길을 모색했다. 격심의 실천이 경세의 함의를 포함하는 것은 필연적인 추세이며, 본체를 추구하는 노력 또한 외부세계에 관한 지식의 부정으로 단순화시킬 수 없다. 심학의 내재성에 대한 강조는 현실 질서와의 긴장관계를 포함한다. 이론적, 논리적으로 내/외, 심/물을 구분함으로써 생기는 이원적인 모순을 해소한다. 주자의 격물이론은 현실 질서와 천리의 직접적인 대응관계를 부정하여 개개인이 구체적인 격물실천에서 천리를 증명하도록 요구하였다. 이것은 지식 면에서 새로운 기능을 포함할 뿐만 아니라 현실에서도 비판적인 요인을 포함한다. 주자학의 관학화 과정은 유학의 비판정신을 약화시켰다. 격물치지 과정의 성찰 요인을 해소하는 것은 바로 물의 절대화를 통해서 현실 질서의 합법성을 긍정하는 결과를 낳는다. 주자학이 지니고 있던 비판적인 요소들을 회복하려면 반드시 물에 대한 숭배를 제거하고 치지 과정의 주체성을 회복해야 한다. 이러한 의미에서 심학의 흥기는 이학에 대한 부정으로 볼 수 없으며, 오히려 리의 내재적 논리의 심화와 전개라고 할 수 있다.

육상산의 학문은 명대 심학의 기원 또는 시초라고 알려져 있다. '육왕 심학'이라는 표현이 그 반증이다. 그러나 양명학이 발생할 수 있었던 원동력을 보다 완전하게 이해하기 위해서는 다른 계보가 필요하다. 이러한 사조의 흥성은 명대 사대부가 과거제도 체제에서 정통의 지위를 획득한 주자학에 대한 비판운동과 깊이 관련되어 있다. 양명학은 주자학과의 대립관계에서 전개되었지만, 이 양자 관계는 단지 비판·반항 등 부정적 개념으로 개괄할 수 없다. 양명이 관심을 가지고 있던 문제는 주자학과 매우 밀접한 관계를 지닌다. 위잉스余英時는 양명의 양지설이 주자와의 논쟁에서 얻어진 결과로 볼 수 있다고 생각하며, 양명의 "심에서 가장 큰 문제 중 하나는 어떻게 지식을 대하고, 어떻게 지식을 처리하는가의 문제"라고 지적했다. 또한 심학이 점차 경사지학經史之學과 같은 유학의 형태로 변화하는 내재적 동력을 예견했다. 양명의 심에 대한 중시와 주자의 격물론 사이에는 내재적 대화관계가 존재한다. 양명과 주자는 모두 천리라는 보편적이며 지극히 선한 질서를 설정하고, 지식의 천리 도달 여부라는 근본 문제에 관심을 가졌다. 그 차이점은 천리에 도달하는 길과 방법에 있었다.

치지격물은 "내 마음으로 사사물물에서 이치를 구하여 '마음'과 '이치'를 나누어 둘로 만드는" 것이 아니라 '내 마음의 양지良知'를 사사물물로 확대하는 것이다. 여기서 양명의 심 개념은 '인심人心'에서 '오심吾心'으로 바뀌며 개인의 경험과 주체성을 부각시킨다. '그 이치를 얻음'이란 객관 사물을 그 자신의 구체적 규율성에 부합시키는 것이 아니라 '양지인 천리'에 부합시키는 것이다. 이러한 의미에서 격물은 선을 행하여 악을 제거하는 도덕 실천이지, 양지의 인식 활동을 통해 사물에 접근하는 방식이 아니다. 오심은 자신의 양지를 통해 세계와의 내재적 연계를 건립할 수 있으며, 구체적 실천에서 천리라는 개념이 체현하는 우주질서와 조화될 수 있는 것이다. 양명은 생활 속에서의 수련을 강조하고, 독서궁리를 치지의 방법으로 삼는 것에 반대했으며, 나아가 인식 방법으로서 격물의 절차를 부정했다. 그는 '격格'을 '바름正'으로 해석한다. 즉 양지의 천리로서 물을 바르게 하거나 천리의 보편 정신으로 구체적인 실천을 하는 것이다. 이 명제가 부정하는 것은 심과 물 사이에 세워진 인식관계이다. 치지가 사사물물에서 내 양심을 모두 완성하는 것이라면, 치지는 곧 천리의 보편 정신에 따라 구체적인 실천을 하는 것이다. 심학의 시각에서 사사물물은 인식 방법으로서 이해할 수 있는 범주가 아니며 주체 활동의 확대라고 할 수 있다.

'천하가 함께하는 덕'을 완성하는 것을 목적으로 삼고, 구체적인 일을 분류의 기초로 삼으며, 지행합일의 실천을 방법으로 삼는 것은 양명의 이상사회 모델이다. 이것은 사람의 신체와 흡사한 학교로서 각 사람은 자신의 재능과 기질에 따라 일을 나누어 협력하며, 각자의 구체적인 실천 속에서 통일된 이상을 이룬다. 이러한 의미에서 학교는 보편적인 분류법에 따라 개체가 가진 재능의 정도만 인정할 뿐 구체적인 풍속습관의 특성을 인정하지는 않는다. 이러한 의미에서 양명은 역사·시대·습속의 특성을 극복하여 '천하가 함께하는 덕'을 '학'의 목표로 귀결시키고자 했다. 양명이 제시한 학교의 분업 협력과 조직 방식은 이미 알 수 없게 되었지만, 분명한 것은 그의 학교 구상은 자치 성격을 띤 사회 자체였기 때문에 그의 향약 실천 방향과 완전히 일치한다는 점이다. 『남감향약』에서 양명은 민속의 선악이 인습에 인한 것이 아니며, 향민의 어리석음과 완고함은 완전히 "관리가 다스리는 도가 없고, 가르치는 방법이 없는" 결과라고 생각했다. 그러므로 향약을 설립하고 향민을 조화롭게 하는 목적이 "상례에 서로 돕고 어려움에 서로 근심하며, 선한 일을 서로 권면하고 악한 일을 서로 경계하며, 송사를 그치고 다툼을 그만두며, 신뢰와 화목을 가르치고, 착하고 선량한 백성이 되는 데에 힘써 함께 인자함이 두터운 풍속을 이루는" 것이라고 생각했다. 향약은 비록 '인자함이 두터운 풍속'을 배양하는 것이 목적이지만, 구체적인 운영에는 일정한 절차와 의무 그리고 권리관계가 필요하다. 예컨대, 대중이 약장約長을 추대하면, 약중約衆은 회의에 참석해야 한다. 또한 약장은 약중을 조율하여 민사에 관한 소송을 해결하며, 공의를 참고하여 그 인물을 표창하거나 징벌하는 등의 일을 담당한다. 우리는 양명에게 많은 영향을 받은 황종희의 『명이대방록明夷待訪錄』에서 비슷한 보편 질서를 발견할 수 있다. 이 질서 속의 윤리·정치·경제의 관계는 천리가 구체적인 사물관계에 드러나는 것이라고 할 수 있다. 이처럼 우주질서, 정치관계, 윤리행위를 하나의 보편적 모형 속으로 종합시킨 것이 양명학에서 구현하는 심, 물, 지행과 제도의 연계 방식이었다.

일반적으로 심학은 본체, 본심에 편중해 기의 운행을 소홀히 함으로써, 시대의 변천과 제도의 문제에는 심도 있는 역사적 사고가 결핍되어 있다고 이해한다. 이러한 판단을 할 때에는 적어도 두 가지를 보충해야 한다. 첫째, 심학은 본심, 동심, 적자지심赤子之心, 본체, 차물, 허무 등을 통해 낡은 규범을 신봉하는 권위체제에 대항하여 날카로운 비판적 기능을 담당했다. 둘째, 외부 권위성에 대한 거부는 도덕과 행위와의 관계에서 내재적 연속성을 재정립한 것이지, 현실적 제도와 그 실천을 부정하기 위해서가 아니다. 이러한 의미에서 본심, 동심, 자연과 무로 회귀하는 경향은 결코 제도적 실천에 대한 부정을 의미하지 않는다. 그래서 왕양명에서 양명 후학(특히 이지李贄), 육경개사六經皆史의 사상으로 끊임없이 계승된 것은, 역사적 관념을 통해 경서를 상대화하고 나아가 주자학 정통에 대해 비판을 가하는 것이었다. 아울러 본심, 동심 및 자연 등의 범주는 현실 속의 등급관계를 비판하고 정·욕의 영역에 이론적 활력을 제공했다.

양명 후학의 수정운동은 의리 논쟁의 결과일 뿐만 아니라 엄혹한 정치 투쟁의 산물이다. 명 말기에 생겨난 동림당東林黨은 명교와 절개를 갈고 닦으며, 왕학 말류를 대재난으로 간주했다. 그들은 '무선무악無善無惡', 만물일체 관념을 맹렬히 비판하고, 억제할 수 없는 감정 때문에 신체·명예·명교·절조를 도외시하는 것에 반대했다. 왕학 좌파와 동림당은 모두 경세의 경향이 있었지만, 왕학 좌파가 주변부(일부는 시민 계층에 속했음)에 위치하고 있어 대부분 탈정치적인 방식으로 자신의 정치성을 나타낸 반면, 동림당은 사대부의 입장에서 출발하여 직접적으로 정치 투쟁에 참여했다. 두 그룹 모두 경세를 목표로 했지만 사회정치적 지향은 같지 않았다. 동림당의 경세사상은 명교, 절의를 중시하고 격물을 제창하여 왕양명에서 주희로 선회하는 경향을 띠었다. 명말청초 사상 변화의 계기가 바로 여기에 숨겨져 있다. 그들은 '인仁'과 '의예지신義禮智信'을 다시 연관시켜 예악제도의 엄숙성을 회복하고, 견문지지의 회복과 실천의 중요성을 몸소 행하여 이론상으로 양지에 대한 공담을 반대하며 격물의 옛 방법으로 돌아오려고 했다.

왕학 좌파에 있어서 귀적, 자연, 동심에 관한 주장은 도덕 실천 측면에서 개인의 주체성 문제를 제기했다. 그들이 비판한 대상은 과거, 관료제도뿐만 아니라 향신, 즉 종족을 중심으로 조직된 기층사회 체제를 포함한다. 명말의 사상가 이지는 동심설童心說을 주장하면서 '나의 조리吾之條理'와 '덕례정형德禮政刑'을 철저하게 분리했다. 외재적 규범에 대한 부정은 현재의 자연(욕망, 감정)에 대한 긍정이다. 욕망에 대한 긍정은 내재성에 대한 일종의 확인이다. 즉 우리에게 내재된 자연적인 것은 정당하기 때문에 모든 학술교조, 제도형정과 종법의궤는 심판석에 놓일 수 있다. 이것은 욕망의 개념으로 자연을 재정의하고 천리를 재정의하는 것이다. 천리와 자연을 최종적 근원이라고 본다면, 천리와 자연에 순종하는 것은 마찬가지로 타율적이거나 외재적 규범을 존숭하는 것으로 볼 수 있다. 이러한 논리는 판

이하게 다른 경향을 도출한다. 하나는, 욕망을 마땅히 존숭해야 하는 자연으로 상승시켜 모든 외재적 규범을 타파하고, 욕망에 대한 순종이 우리 신체에 내재하는 타율이 되어버리는 일을 초래할 수 있다. 다른 하나는, 욕망 자체를 실현할 수 있는 조건을 추구하는 것으로, 욕망은 이재理財, 병정兵政, 식정食政, 부세賦稅 등의 현실적인 문제를 고려하는 동력이 된다. 이는 현재에 충실하고 욕망과 감정, 일상생활을 긍정하는 것으로 바로 경세지학의 동력이 된다. 이지가 주자의 격물설을 부정한 것은 경세지학으로 전향할 가능성을 지니고 있지만, 이지의 욕망은 사신계급의 이해관계와 윤리관계를 추구하는 황종희 등과 달리 사신의 종법관계를 거부하는 것으로 향했다.

향약, 종법 등 윤리제도가 양명 심학의 도덕 실천과 천리관의 제도적 전제를 제공했다면, 양명 후학이 심학의 맥락에서 시행한 기층사회관계와 윤리관계에 대한 비판은 필연적으로 사회윤리의 특정한 모델을 넘어서는 경향성을 지닌다. 사회 기능적 측면에서 보면 심학의 위기는 심학과 그 제도적 기초 관계의 동요에서 기원한다. 그러나 유학 지식의 내부관계에서 보면 심학의 위기는 심학이 설정한 천리와 특정한 윤리 모델의 자연성에 대한 의문에서 기원하기 때문에, 심학을 정도로 돌아오게 하려면 반드시 심학과 제도적 실천의 내재적 관련을 재확립하여, 새로운 윤리 규칙을 심학이 설정한 지선의 천리질서로 편입시켜야 한다. 명말청초의 사회 변화는 바로 새로운 제도론의 도래와 심학의 종결을 요청하고 있었다.

5장　명말청초 유학과 신제도론

황종희

도덕법칙과 제도의 관계를 재확립하려는 시대적 분위기 속에서, 주자학의 리기이원론과 심학의 심일원론을 종합하려는 리기일원론이 형성되고 있었다. 라흠순, 왕정상의 리기일원론은 양명의 심일원론을 비판하면서 정주의 리기이원론도 반대했다. 유종주는 천지에 가득한 것은 모두 심, 도, 기라고 생각하여 리선기후理先氣後의 관점을 부정하고 '기즉리'의 견해에 동의하며, 리기심성이 모두 일원이라고 주장했다. 리기일원론의 세계에서 격물치지는 외향적 경세실천을 포함하지만 외물에 대한 인식으로 귀결되지 않으며, 신독愼獨의 학문을 통해 사리의 연마를 강조하는 격물 공부를 추구했다.

황종희는 유종주를 추종하여 "천지에 가득한 것은 하나의 기일 따름이다"라고 생각했으며, '의意'의 주재 작용의 회복을 요청했다. "천지에 가득한 것은 모두 심"이라는 명제와 "천지에 가득한 것은 모두 기"라는 명제는 대립적으로 보이지만 사실은 상호 보완적이다. 모두 일원론을 전제로 하며 유종주, 황종희의 심은 한 개인의 심이 아니라 천지간의 모든 것으로서 기와 심은 결코 근본적 차이가 없다. 이는 주자학 정통과 왕학 말류에 대한 이중 비판 위에서 이학 세계관을 재구성하기 위한 것이다. 즉 추상적으로 심성을 공론하는 것이 아니라, 구체적인 상황에서 세계의 진상과 질서를 찾아 모든 사람이 구체적인 실천을 통해 만사만물을 파악할 수 있는 길을 강조한 것이다.

명말청초에 경사지학이 다시 출현하게 된 것은 현실 정치의 필요일 뿐 아니라, 유학 내부의 장기적인 난제—어떻게 개인의 도덕적 실천과 경세의 관계를 처리하는가—에 대한 고민의 결과였다. 그 새로운 방향은 황종희의 제도론과 고염무의 경사지학에 이르러 분명해진다. 황종희, 고염무의 학문은 단순히 '육경으로의 회귀'가 아니라 예악질서와 그 변화를 기초로 하여 사회정치제도를 내재적 구조로 하는 실천론을 재구성하는 것이다. 이러한 이론의 구축 방식은 이학자들의 심성론과 내성외왕內聖外王의 모식을 바꾸었으며, 도덕 실천을 사회적, 정치적 및 경제적 행위로 보게 했다. 이것은 심성론이 사회이론 또는 정치이론으로 전환하는 과정이다. 황종희의 신제도론은 유학 발전에서 새로운 창조 또는 발명이라기보다는 유학의 도덕평가 방식의 자아회귀라고 할 수 있다. 도덕평가의 기준을 추상적인 천리나 본심이 아닌 인간생활 및 그 제도에 부여하도록 요구한 것이다. 고염무에게 이러한 전환은 경세이론과 연계되어 있다. 이러한 유학의 변화 때문에 육경으로의 회귀가 유학자의 보편적인 견해가 되었고, 명물제도를 고증하는 것이 학문을 하는 정도가 되었다.

황종희의 경사지학은 도덕적 실천론일 뿐만 아니라 사회이론이었기 때문에 예제질서가 다시 한 번 유학 사상의 내재적 구조를 형성하게 되었다. 명말청초에 그는 명대의 정치적 위기에 대한 깊이 있는 분석과 문화의 정통성을 소급하는 것을 통해 이족 통치에 대한 저항이 필요했다. 신제도론은 특정 사회집단 및 그 전통을 중심으로 하는 사회 사상이며, 개인의 도덕적 실천에 대한 이해는 전장, 문물, 언어, 제도 등 사회공동체의 구성조건 위에 세워졌다. 이러한 유학 형태에서 사회 구성조건에 대한 이해가 없으면 도덕적 실천의 문제를 논할 수 없다. 황종희는『명이대방록』에서 송명 이학이 내재하고 있는 하은주 삼대의 이상과 그에 상당하는 사회제도의 모습을 구체화했다.『명이대방록』은 모두 13편인데, 군君·신臣·법法·상相·학교學校·취사取士·건도建都·방진方鎭·전제田制·병제兵制·재계財計·서리胥吏 그리고 암환庵宦 등 전통 제도의 각 방면을 망라하고 있다. 청말 사회운동에서 "양계초, 담사동 등은 민권 공화의 이론을 제창하여 그와 관련된 책의 일부를 직접 베껴 수만 권의 책으로 인쇄하고, 비밀리에 유포시켰다. 이 일은 청말 사상의 급변에 커다란 영향을 주었다." 그중에서 특히 원군原君·원신原臣·학교·원법原法 그리고 전제 편은 매우 큰 영향을 주어 일부 학자들은 근대 민권·법률·의회의 관념으로 황종희의 '원군·원법·학교' 등 사상을 해석했으며, 그가 제시한 경제·정치·법제 등 방면의 원칙은 이후 서구 계몽주의가 제기한 원칙과 거의 일치한다고 생각했다.

황종희의 이론은 삼대 상상 위에 건립되었을 뿐만 아니라 맹자의 '백성을 귀하게 여기고 임금을 가볍게 여기는' 원칙과 「예운」의 천하위공의 사회이상을 활용했다. 그는 정주 또는 육왕학파에서 문제를 제기하지 않고 그들의 사상 내부에서 고대 제도의 흔적을 발굴하여 그것을 이론적 근거로 삼아 새로운 공화이상을 구축했다. 이 책과 왕양명의 「답고동교서答顧東橋書」가 묘사한 학교제도 및 『남감향약』에서의 구체적인 조치는 비슷한 점이 있다. 모두 사회의 내부적인 분업·질서·의무·권리 관계의 이해를 생활 실천의 절차 가운데서 구하였다. 「원군」편은 '천하의 큰 공공성天下之大公'을 판단 기준으로 삼아 천하 사람들의 이익을 긍정했으며, "천하의 이해득실에 대한 권한이 모두 군주 자신에게서 나온다고 생각하는" 군주의 큰 사사로움大私을 비판했다. 「원신」편은 신하가 천하를 위해 일을 해야 하며, "군주 한 사람을 위한 것이 아니다"라고 했다. 여기에서 평가 기준은 일반적으로 일컫는 정치제도가 아니라 삼대의 이상에 따라 구상한 군신의 '직분'이다. 즉 군신은 반드시 자신의 직분을 완성해야 하며, 직분의 완성 여부를 가늠하는 근거는 천하 백성의 이해득실이다. 황종희는 '사'의 합리성을 중시했지만, 이는 각 사람의 직분의 합리성 위에서 세워지는 것이다. 직분 관념은 제도에 대한 이해를 포함하는데, 이것은 송명 유학에 호소한 천리, 심성 등의 개념이 군신에 가한 도덕적 평가가 아니라 제도적 실천을 도덕적 평가로삼는 객관적 근거이다. 황종희가 구축한 도덕적 맥락에서 제도의 함의는 예악에 더욱 가깝다. 이에 따라 도덕평가 방식 또한 공자의 예악론에 가까워진다. 여기서 제도는 예악관계에서 분화되어 나온 제도가 아닌 도덕적 목표와 잠재능력을 포함한 예악제도이다. 도덕적근거가 존재하기 때문에 직분을 다하지 못한 군주는 폐위되어야 하고, 직분을 다하지 못한 신하는 파면되어야 하며, 직분에 부합한 사는 보호받아야 한다. 여기서 직은 분업적 의미에서의 직무이지만, 천하 사람의 이익을 목적으로 하는 사회질서에서 마땅히 담당해야할 직분이다. 도덕평가는 직분의 구체적인 기능에 있기 때문에 도덕근거에 관한 제도론과 구체적인 사회 분업에 대한 연구는 완전히 부합한다. 유학의 이러한 전환으로 사회 분업과 그 구조의 대한 새로운 이해가 이루어졌다.

유학의 범주에서 복고 형식의 제도론은 일반적인 정치경제학이아니다. 정치경제학이 제도의 기능을 중심으로 전개되는 이론인 반면, 유학의 제도론은 도덕이론에 해당한다. 황종희는 송명 유학자들이 대부분 경적 제도에 소홀하고, 의리지학을 중시하는 것을 감안하여 신제도론의 틀 내에 경사, 의리와 제도의 내재적 연계를 재건하고자 했다. 도덕적 평가와 덕치 원칙은 제도적 실천의 조건하에서수립되며, 추상적인 천리 원칙에 호소하지 않는다. 고대 제도의 회복 아래 도덕과 제도의 관계는 다시 활로를 찾았는데, 이것이 바로 『명이대방록』의 각별한 의의라고 할 수 있다. 비록 황종희가 이학과 심학의 기본 개념과 가치를 신봉하더라도 그의 이론 방식은 이학의 옛길을 떠나고 있었다. 조정 흠정欽定의 이데올로기로서 이학은 여전히 지배적인 지위를 점하였고 많은 유자들 또한 정주육왕의 사유 방식을 계속 사용했지만, 유학의 한 형태로서 이학은 황종희에 와서 종결되었다고 해야 할 것이다. 그의 사유 속에서 이학의 기본 특징이 되는 우주론, 본체론과 심성론이 의리와 경술, 도덕과 제도를 유기적으로 구축할 수 있는 신제도론에 자리를 내주었기 때문이다.

안원

황종희와 마찬가지로 안원顏元의 실학은 경사를 널리 읽는 학문과 달리, 옛 선비들의 성학聖學을 당대의 실천에 적용하는 것이었으며, 경세를 떠난 실천은 진정한 유학자라고 할 수 없다고 명확히 지적했다. 안원은 삼대의 정전, 학교와 봉건을 그의 정치 사상의 중심적 위치에 놓았다. 그러나 그의 정전, 학교와 봉건은 일종의 제도일 뿐 아니라 고대 예악의 핵심 내용이기 때문에, 삼대로 회귀하는 첫걸음은 바로 예악의 재건이었다. 안원의 실천 관념은 사회 분업의 사상과 밀접한 관계가 있다. 그는 삼대의 정전, 봉건과 학교에서 영감을 얻어 물의 세계의 회복을 요구했다. 이러한 의미에서 실천은 양지의 충동에 따라 발생하는 행위가 아니며, 특정한 제도와 형식 가운데에서의 실천이다. 또한 삼대의 제도를 충실하게 하여 자신의 시대에 실현하고, 나아가 천하의 복리와 평등, 욕망과 사회 분업의 실천을 촉진한다. 안원은 요순의 육부, 주공과 공자의 육예를 기술적인 분업의 사회원리로 생각했기 때문에, 사회 분업, 지식 분류와 실천 사이에 제도적인 기초를 구축했다. 이 때문에 그는 자신의 실천을 '습행경제習行經濟'라고 규정했다.

분업의 사회는 단순한 기능과 효율을 중심으로 하는 사회가 아니다. 제도와 분업의 과정에서 세워진 도덕적 이상은 공자가 말한 '군자유君子儒'에 대한 회복이다. 군자유는 사람의 덕행, 명분과 사회 분업에서의 기능을 결합했는데, 그 전제는 사회를 각기 자신의 소질을 최대한 발휘할 수 있는 물의 세계로 바꾸는 것이다. 안원은 '본원지지本原之地'가 조정이 아닌 학교라고 굳게 믿었다. 여기에서 조정과 대비되는 학교는 교육장소로서의 학교가 아닌 물의 세계 자체라고 할 수 있다. 즉 고대 예악의 의미에서의 학교인 것이다. 이 세계는 사람의 품성, 감정, 욕망과 노동을 긍정하고, 은둔하는 선종도교 및 속으로는 불노이지만 겉으로는 유학인 심성의 학문을 부정한다. 이지 등이 반항적인 형식으로 욕망에 대한 긍정을 표현했다면, 안원은 욕망, 감정, 풍속과 기타 생활 요소를 함께 물의 세계로 귀결시켰다. "육행六行은 특히 인정과 물리에 힘쓰는 것으로 인정과 물리를 떠나면 힘쓸 바가 없다. 인정과 물리를 떠나 힘쓰는 것은 유학이 아니다." 물의 세계는 동시에 인정의 세계이며, 분업의 원칙은 물의 세계

중국 사상과 대안 근대성

의 한 부분이다. 그리고 지식 및 기술과 감정은 객관적인 영역이 아니며, 생생불이生生不已하고 존존불식存存不息하는 우주와 인류의 내재적 요소이다.

황종희에서 안원에 이르기까지 신제도론의 기초는 예악을 형식으로 하는 군의 세계이다. 이 세계에서 사와 인정물리는 긍정을 얻었지만, 이 긍정의 전제는 원자론의 개인 개념이 아닌 천하지공이다. 천하지공은 천하지사天下之私를 긍정하는 것을 전제로 한다. 그리고 천하지사는 천하지공을 목적으로 삼는다. 양계초, 호적 등은 안원을 청대의 반이학의 실용주의 사상가라고 간주했지만, 안원은 유학 정통을 충실히 지키고 개인 행위에서도 예의를 철저하게 지켰다. 그의 학술은 왕학과 유학 사공파에 기원하고 있으며, 이학과 심학에 대한 그의 논박이 반이학으로 귀결될 수 있는지는 깊이 있는 연구가 필요하다.

황종희, 안원의 특징은 시대적 내용을 제도적 형식 안에 채웠다는 점이다. 삼대의 예치를 이학이란 큰 범주 안에서 밖으로 끌어냈고, 분산되어 있는 제도 비판을 이론적 기본 구조로 전환하여 이학이 완성하지 못한 임무를 완성했다. 황종희, 안원은 각기 다른 방식으로 삼대에 대한 상상을 제도적인 관계로 표출했다. 나아가 이 세계가 사람들이 상상하는 원시세계가 아니며, 억압된 인정물리의 현실세계라는 것을 발견했다. 그들의 강렬한 복고 경향과 현실적 관심은 예악제도의 재건을 위한 노력으로 나타났으며, 삼대, 육경의 영원한 정신과 보편적 가치를 예악/제도의 실천 속에 뿌리내리려 했다. 바로 이 때문에 삼대, 육경은 이상적 세계를 명시할 뿐만 아니라, 인정물리를 파악하는 완정한 시야를 제공했다. 역사적인 새로운 상황에서 삼대의 제도, 육경의 가르침이 현실 속의 실천을 위한 영감을 제공한다면, 삼대의 제도, 육경의 가르침에 대한 의문 또한 불가피하게 나타나기 마련이다. 이러한 의고疑古의 성향은 바로 고증의 현실적인 필요에서 발전되어 나온 것이다.

고염무

신제도론은 도덕적 평가와 제도의 내재적 연관을 회복시켰지만, 이러한 회복은 단순히 제도와 그 관계를 도덕적 평가의 근거로 간주하는 데 그치지 않고, 유학의 틀 안에서 다시금 예악과 제도의 일치성을 회복하려는 것이다. 그런데 명나라가 멸망하고 만주족 청 제국의 지배를 받게 되는 정치적 급변 속에서 형성된 신제도론에는 고대 제도에 대한 관심과 아울러 이하지변의 시각이 내재되어 있다. 신제도론의 실천 속에 청 제국에 대한 저항과 동시에 명나라 멸망에 대한 깊은 자기반성이 포괄되어 있다는 것이다. 왕후이는 신제도론의 이하지변을 단순한 민족 사상으로 봐서는 안 되며 그것을 통해 중국의 반성과 새로운 천하의 관념을 형성하는 복잡성을 이해해야 한다고 주장한다. 가령 고염무는 민족 사상과 만주족에 대한 저항운동을 반성의 계기로 전환시켜 '나라를 보전하는保國' 문제와 '천하'의 관념을 명확하게 구분했고, 이러한 실천 과정을 통한 천하의 재건을 정치와 도덕 실천의 기본 목표로 삼았다. 이는 명나라를 회복하고 이민족 통치를 반대하는 정치적 실천을 초월한 것이다. 천하와 나라의 구분은 예악과 왕권제도의 구분 위에 세워졌다. 천하 개념은 예악 실천을 통해 천인관계를 회복하려고 시도하는데, 이는 바로 예악 실천이 왕권으로 옮겨가는 과도기적 과정 중에 점차 상실되었던 것이다. 예악공동체의 시야에서 볼 때, "인의가 막히고 뭇 짐승들이 사람을 잡아먹고 사람이 서로를 잡아먹는" 상황이라면 설령 나라(왕권을 중심으로 하는 정치제도)가 여전히 존재하더라도 도덕과의 일치성을 구비한 인류공동체는 아니다. 왕조가 궤멸되어도 예의가 존재한다면 천하는 몰락한 것이 아니며, 왕조가 쇠망하면서 예의도 쇠망한다면 천하는 몰락한 것이다. 덕치의 상태란 도덕적 가치를 담아낼 수 있음을 가리키고, 동시에 사람들의 일상적 실천을 이끌어낼 수 있는 정치 상태를 지칭한다. 외부로부터의 침략에 대항하는 역사적 정황 속에서도 천하와 나라의 구별을 고수하는 것은 도덕 관념을 제시하기 위한 것이다. 국가의 정치는 반드시 예의덕성에 복종해야 하며 예의덕성을 저하시키는 어떠한 정치적 관념도 천하의 몰락을 야기할 수 있다.

고염무의 유학 사상에서 왕후이가 주목하는 부분은 도덕평가 방식이 왜 격물과 격심의 도덕 실천에서 고대 제도의 원류를 돌이켜 궁구하는 '지식' 실천으로 전향했는가, 도덕평가의 기준이 왜 천리에서 제도와 풍속으로 전환되었는가 하는 점이다. 예악의 요체는 외재적인 제도와 개인적 행위를 밀접하게 연관시키는 것이며, 외재적인 제도의 내재화란 사람의 정감·욕망·도덕과 예의 제도를 조화시키는 것을 뜻한다. 이는 예악론의 틀 안에서 제도와 도덕 사이의 내재적 관계를 재건하려는 시도라고 할 수 있다. 고염무는 경세지도가 제도적 실천 속에 존재한다고 믿었다. 경세지도는 개인의 도덕 실천과 무관한 정치·경제 혹은 군사적 사무가 아니며 제도적 실천 역시 이미 존재하는 전장제도典章制度를 따라 교조적으로 일을 행하는 것이 아니다. 신제도론과 경학에서 정치·경제·군사, 그리고 개인의 도덕 실천은 모두 예제관계 및 그 변천 속에 있다. 고염무의 고증학과 명도경세의 내재 관계는 예제 및 그 변천을 궁구하는 과정에서 드러난다. 고염무의 경학고증은 예악·제도·전장·풍속·전통·인물·언어·자연 등 각 방면을 포괄하고 있지만 박학을 목적으로 이루어진 것이 아니다. 그러한 작업을 통해 보여주고 싶었던 것은 바로 예와 문의 세계이며, 그의 저작 속에서 예와 문은 상호 텍스트적인 관계를 지니고 있다. 고염무가 추구하는 문은 제도의 내재적 규칙으로 예의와 합치되는 행동 중에 자연스레 드러나는 조리이다. 주대의 문은 예의규범과 역사적인 연관이 있지만, 고염무는 문의 내재성을 더욱 강조하여, 공자가 인으로 예를 해석하는 것과 유사한 함의가 있다. "법도로 제작된 것이나 언행으로 발현된 것 중 어느 하나 문이 아닌 것이 없고" 일거수일투족 안에 문이 있다. "군자가 학문함에 예를 버린다면 그 무엇으로부터 시작하겠는가?"에서의 예는 협의의 예의 질서가 아니라 내재적으로 우리의 생활을 규정짓는 자연/필연의 질서이다. 고염

중국 사상과 대안 근대성

무는 문과 예 두 가지 관념을 결합시켜 모든 예악제도와 질서를 통칭하고 있다. 그래서 '문의 고증考文'의 범위를 일상생활 중에 실천하는 모든 규범 안으로까지 확대하여, 육경뿐만 아니라 제자백가에도 두루 통달하였고, 중국의 풍속을 넘어 외국의 풍속까지 고찰했다. 그는 자신을 육경에 속박시키지 않고, 육경으로부터 시작해 다른 것들에 두루 미쳤으며, 심지어 중국의 풍속에 대해 '외국 풍속'이나 '오랑캐의 풍속'을 인용하여 날카로운 비판을 가하면서 나아가 지식의 해방을 추구하고 있다. 육경은 삼대 예제의 기록인데 시간이 지나감에 따라 세상이 바뀌어 봉건제가 군현제로 변하고 군현제가 제국으로 변하게 되었기 때문이다. 옛것에만 만족해 버린다면 경세의 목표를 완성시킬 방도가 없을 뿐만 아니라 경륜하고자 하는 세상을 파악할 방법조차 없게 된다. '모든 문에서 두루 배우자'라는 주장은 이러한 예제 질서의 개념을 전제로 한 것이며, 이는 학자에게 요구하는 바가 아니라 군자에게 기대하는 바인 것이다.

고염무는 송명 이래로 헛되이 심성을 논하는 기풍을 반대하면서 천·도·성·심 등은 예악·제도, 그리고 풍속 속에서 존재치 않는 것이 없으며 사람의 일상생활의 실천 속에 존재한다고 여겼다. 이로 인해 훈고고증의 학술은 모든 생활 영역에 깊이 들어가야 했으며 육경에 국한되지 않았다. 육예의 문을 익히고 여러 성왕의 정전을 고증하며 현세의 임무를 종합하여 다시 공자가 학문과 정치를 논했던 뜻을 새롭게 궁구하려고 했다.

고염무는 도덕평가를 제도 문제와 연계하지 않는 이학의 방식으로는 경세의 목표를 달성할 수 없다고 여겼다. 이것이 바로 고염무가 송명의 의리지학에서 제도론 혹은 예악론으로 전향하게 된 근거였다. 그러나 고염무가 이학에 대해 일반적인 부정을 한 것은 아니며, 방이지가 말했던 '경학에 이학이 들어 있다'라는 관점처럼 이학을 경학의 범주 안에 귀납시킨 것이다. 경학의 요체는 바로 경의에 대한 고증을 통해 고대 제도와 풍속에 대한 이해를 얻는 것이며, 고대 제도와 풍속의 역사적 변천으로부터 성인의 정심한 뜻을 자세히 연구하고 천리의 보편성에 대한 탐구를 예악관계의 범주 안에서 수행하는 것이다. 예악과 제도가 분화된 조건하에서 이학자들은 제도를 도덕논증의 객관적 근거로 삼을 수 없으며, 천도론과 심성론으로 도덕평가의 출발점을 삼아야 한다. 명말청초 경세치용의 사상적 분위기 속에서 황종희·고염무는 천도론과 심성론이라는 방식을 버리고 예악과 제도의 동질적 관계를 회복시키고 도덕평가와 제도의 내재적 연계를 재건하는 데 힘썼다. 이런 변신은 경학에 있어서 사학적 추세로 나아가는 계기를 제공했다. 신제도론과 예악론의 틀 안에서 도덕은 필연적으로 연관된 제도·예악·풍속의 산물이기 때문에 경전·역사, 그리고 풍속에 대한 연구를 버리고 어떠한 가공의 도덕체계를 구축하려는 시도는 모두 신예악제도의 종지와 배치된다. 고염무의 이른바 '이학은 경학이다'라는 명제는 이학과 신제도론, 그리고 고증학의 관계에 대한 심도 있는 개괄이며, 그것은 경학에 대한 고증이라는 방법을 통해 의리와 제도를 내재적으로 연관된 대상으로 삼아 깊이 연구한 것이다. 고염무에게 이학과 경학 사이의

중국 사상과 대안 근대성

관계는 상호 예속된 관계가 아니라 동질적인 관계이다. 경학의 각 부분이 모두 이학의 내재적 목표를 달성하는 것을 지표로 하며, 경학이란 형식이 없다면 이학의 목표 역시 논할 수 없다는 말이다.

고염무는 명말 학풍에 대한 비판은 극도의 혐오에 가까웠고, 육구연의 "스스로의 주장을 세워 천오백 년간의 학자들을 배척하는" 작태 역시 싫어했다. 주자만년정론朱子晩年定論 등의 문제에 있어서 고염무는 육왕을 비난하고 동시에 주자를 존중하는 주장이 있기 때문에, 학술사에 있어서 고염무를 주자학자로 귀납시키는 이들이 적지 않다. 엄복, 호적 등은 주자의 격물궁리에서 출발하여 근대 실증주의와 귀납법을 이해하면서, 동시에 경험·증거를 중시하는 박학의 방법을 과학적 방법론과 대등하게 여겼다. 첸무·위잉스는 학술사 발전의 내재적 논리를 중시하면서 청대 한학은 송학의 내부적 논쟁의 결과라 인식했다. 그러나 경학 성립의 전제는 예제를 도덕평가와 도덕 실천의 객관적인 전제로 삼는 것이다. 이것은 주자학이나 양명학의 세계와 뒤섞어 논의하기 곤란하다. 주자는 사서를 중시했으나 고염무는 오경의 지위를 부각시켰고, 주자의 격물치지는 천리를 얻는 것이 목적이었지만 고염무의 훈고고증은 경의 진정한 의미를 목적으로 한다. 이는 고증을 중시한 방법론과 의리를 중시한 방법론의 차이일 뿐만 아니라 그들 각자가 '격格'한 물의 차이이기도 하다.

또 양계초·호적은 고염무의 고증학 안에서 과학적 방법을 발견하지만, 고증학은 주로 고대 경적만을 대상으로 할 뿐 광범위한 자연지식까지 고찰하지 않아서 진정한 과학 연구로 발전할 수 없었다는 점에는 불만을 품었다. 과학적 방법론으로 고염무의 독특한 지위를 논증하는 관점은 고증 방법이 추구하려 하는 전장제도와 예악풍속의 의미를 설명할 수 없을 뿐 아니라, 실용주의적인 가치를 가지고 고염무 사상의 핵심적 가치까지도 말살해버리고 마는 것이다. 어떻게 고염무의 과학적 방법 및 그것의 이학에 대한 대립을 평가하든지 간에, 모두 다음과 같은 기본적인 사실을 소홀히 하고 있다. 청대 경학이 반反이학의 기치를 내걸긴 했지만 경학 자체도 바로 유학의 특수한 형식이었다는 점이다. 과학 방법의 시각으로는 경학고증의 기본적인 출발점을 이해할 수가 없다. 이는 실증주의의 범주 안에서 이해될 수 있는 것이 아니며, 오히려 경학이 극복하려던 것이 바로 사실로서의 물이며 동시에 송학의 격물치지론이 추구하는 만물이었다고 해야 할 것이다.

고염무에게 물은 사실적 의미에서의 만물이 아니라 도덕 행위의 전제이자 규범이다. 즉 고대 자연의 의미에서의 만물이기 때문에 문의 개념 혹은 예의 개념과 직접적으로 상통한다. 이런 물의 개념은 청대 경사학자들의 보편적인 인식이었으며 그것은 정주의 격물설에 대한 거부를 드러내고 있으며 동시에 선진의 삼물 개념의 회복이기도 하다. 물은 예와 문의 세계에 존재하며 세계의 모든 예의·규범, 그리고 질서 안에 존재한다. 물의 세계는 고대 자연질서의 세계이며, 고대 자연질서의 세계는 바로 예와 문의 세계이다. 이 때문에 경학고증의 방법은 경서의 고증을 통해 경서에 기재된 성왕의 전장제도의 신성성을 회복해야 하는 것이다. 하지만 신성성은 전장제도 자체라기보다는 전장제도에 체현되어 있는 사람과 물 사이의 일치성이다. 증거와 방법을 중시하는 고증학은, 세계를 전통적인 신성성으로부터 해방시켜 객관적 사실로 바꿔버리는 것이 아닐 뿐 아니라, 정반대로 그것은 세계의 신성성 혹은 도덕이라는 본질을 수립하고 더 나아가 물을 가치화하거나 가치를 사실화하려고 했다. 이것은 이학이 구축했던, 추상적인 리기이원론의 극복이라 간주할 수 있다.

예제와 연계된 물은 교조가 아니라 시대와 풍속의 변화에 따라 부단히 변화하는 범주이다. 이 때문에 인지의 실천은 반드시 역사의 관점 속에 놓여야만 한다. 역사란 상황의 변화이지 목표를 미리 정해둔 과정이 아니다. 그것이 강조하는 것은 사람의 활동과 풍속·습관, 그리고 제도의 변천 사이의 내재적 연관이다. 경사의 시각에서 인지는 도덕 실천과 분리되지 않고 도덕 실천은 인지 과정과 분리되지 않으며, 동시에 예악·풍속, 그리고 상황 변이에 따른 인지·실천 형식과 분리되지 않는다. 고염무가 "행함에 있어 염치를 알고 모든 문을 두루 배운다"는 것을 사상의 근거로 삼은 이유가 바로 여기에 있다.

그렇다면 고염무가 현실 속에서 추구한 제도는 어떠한 것인가? 고염무는 삼대를 추종하면서도 군현제를 찬성하는 혼합 제도를 추구한다. 그의 봉건/군현 혼합론은 어떤 이상적인 제도 형식을 고려해서 나온 것이 아니라, 시대 변천에 대한 기민함과 전통·풍속에 대한 중시에서 발원한 것이다. 유학의 시각에서 내외의 구별은 예악이 성립할 수 있는 전제이며 문명·야만의 구별은 '중국'이란 범주가 확립하는 전제이다. 이 때문에 "중국이 외국보다 못한 것이 있음"을 인정하는 것은 내외의 엄격한 경계를 타파하는 것일 뿐만 아니라 문명·야만의 구별에 있어서 확정된 경계를 뒤흔드는 것이기도 하다. 이는 청대 중기의 이하상대화·'내외무별론'의 단초라고 할 수 있다. 외국 풍속에 대한 인용은 모두 중국 풍속의 폐폐에 대한 비판이었으며, 동시에 청조의 예의 제도가 대부분 유학 전통과 중국의 제도를 계승하고 있지만 다른 민족의 가치와 체제까지 포함한다는 것을 설명하고 있다. 군현 속에 봉건이 담겨 있는 제도 구상은 분명 역사적 변천과 각지 풍속의 차이를 고려한 것이다. 이런 강렬한 변화에 대한 의식과 강역·풍속·제도에 대한 시각 사이엔 내재적 연관이 있기 때문에, 단순한 민족 사상이 아니라 한족이라는 관념을 초월한 새로운 제국 체제에 대한 사상적 반향이라고 해야 할 것이다. 제국이 확장되는 과정 중에 통치의 필요에 따라 내부로부터 봉건의 필요성이 제기되었고, 만주팔기·몽고팔기·서남토사·화번·조공·회사 제도와 중앙/행성 체제가 공존하게 되었다. 고염무가 『일지록日知錄』에서 고찰한 외국은 왕조체제 내의 자치권력을 지니고 있었는데, 그들은 특정하고 다양한 정치 형태로서 중앙왕조의 정치 구조 속에 예속되었다. 그 통치 양식과 신속臣屬관계는 한족 지역의 행성제도와 큰 차이가 있을 뿐만 아니라 서로 이질적인 것이었다. 여기서 봉건이 의미하는 것은 중앙왕조와의 관계 속에서 자치 형식이다. 유민 노릇을 하던 고염무는 청 제국 및 내외정책에 대한 명확한 견해를 피력한 적은 없지만, 역사의 변천과 내외 풍속의 차이를 중시하여 옛 제도

중국 사상과 대안 근대성

나 옛 명칭을 그대로 따르는 것에는 반대했다.

군현체제 속에 봉건의 정신을 담는 관건은 반드시 '백성의 보호保民'를 정치 체제의 종지로 삼는 것이다. 제도·전장·예의는 백성에 따라 변화하지만, 삼대에 확정된 예의 정신은 변천 과정 중에서도 영원불변한 법칙이다. 백성의 보호는 바로 역사의 변천에 따라 예악의 기본정신과 원칙을 체현해야 한다는 것이다. 제도의 인습과 개혁은 백성의 보호라는 전제하에서 역사 변화에 순응한 결과이다. "천하 사람들은 각기 자신의 집을 그리워하며 각기 자신의 자식을 사사로이 아끼는데 이는 인지상정이다. 천자를 위하거나 백성을 위하는 마음은 필시 자신을 위하는 것만 못 하다. (……) 성인은 이에 인습해 사용하면서 천하의 사사로움을 사용해 한 사람의 공리公利를 이루어내어 천하를 다스린다." 고염무는 봉건/군현의 혼합관계가 우선 백성을 존중하는 사사로운 개인의 권리가 체현되고, 아울러 백성의 사사로운 개인으로서의 권리 위에 공리의 합법성이 수립되는 것이라고 여겼다. 임금의 측면에서 보면, 백성의 보호는 분권적인 정치 형식이 요구된다. "이른바 천자란 천하의 대권을 쥐고 있는 자이다. 그 대권을 쥐고 어떻게 해야 하는가? 천하의 권력을 천하 사람들에게 내맡겨야 그 권력이 천자에게 돌아오게 된다. 공경대부로부터 백리가 되는 땅을 다스리는 관리나 명령을 전달하는 하급관리에 이르기까지 천자의 권력을 나누어 각자의 일을 처리하지 않는 자가 없는데, 이로써 천자의 권력은 더더욱 존귀해진다. 후세에 능숙치 못한 통치자가 등장하면서 모든 권력을 모아 윗사람에게 두었으나, 복잡다단한 온갖 정무는 본래 한 사람이 능히 조종할 수 있는 바가 아니다." 이런 두 가지 측면을 합치면 바로 군현제 내부에 봉건의 뜻을 담게 된다. 이는 바로 정치 조직의 형식 위에 종법 조직과 현령 단위제를 결합한 것으로, 전자는 기층사회의 자치에 대한 보장이고 후자는 군현제 국가의 정치 형식이다. 고염무는 이런 이중관계 속에서 문벌귀족제도와 제후봉건의 정치 구조뿐만 아니라 황제 일인전제의 구조를 부정했으며, 보편적인 '대중'에 기초한 정치제도를 추구했다.

6장 청대 고증학과 경사지학

대진

왕후이는 근대 중국 지식인들이 청대 고증학에 대해 송명 이학을 부정한 근대 과학적 방법과 세계관의 선구라고 인식하는 관점에 의문을 표한다. 5.4 시기의 반유학적 관점은 대진의 지적 취향이나 고증 방법, 그리고 『맹자자의소증孟子字義疏證』에서 '리로 사람을 죽인다'고 송명 이학을 비판한 것에 대한 호응이었다. 5.4 시기 대진戴震에 대한 평가는 이학에 반대하는 과학적 세계관을 수립하려는 의도에서 비롯된 것이어서 평가의 중심이 실증 방법과 과학적 세계관에 두게 된다. 그러나 이러한 후세의 평가와 달리 청대 고증학은 치도합일治道合一, 이례합일理禮合一, 경사의 정심한 의리로 이학의 해석을 논증하는 것을 전제로 한 것이다. 송명 이학에 대한 고증학의 비판은 주로 이기이분 및 심에서 리를 구하는 치지 방법을 부정하기 위한 것이지만, 기본적으론 치도·예기합일의 유학 정통을 따른다. 고증학의 이론적 전제와 청대 주자학은 유학으로서 근본적 차이가 없다는 것이다. 그 반증으로 건가 시기에 대진을 비판했던 이들은 고증학의 대표적 인물들이었는데, 그들이 대진을 비판한 이유는 학술 방법상에서 고증학의 전통과 괴리되어 이학에 근접한다는 데 있었다. 또 고증학은 경세 사상의 근원으로 경학 텍스트가 존중되면서 고대 제도에 관한 고증과 복원의 필요에서 흥기한 것인데, 고증학이 점차 방법과 지식만을 파고드는 데에 함몰되어 경세치용과 지행합일의 정치적 관심과 도덕적 실천이 약화되어갔다. 왕후이는 이런 맥락에서 고증학을 송명 이학을 부정한 근대 과학적 방법과 세계관의 선구라고 인식하는 관점이 재고되어야 한다고 주장한다.

송학을 배척한 대진의 주된 논조는 경학의 고증 방식으로 송학의 의리지학을 대체하는 것이었으며, 송학에 대한 그의 가장 날카로운 비판은 『원선』·『서언』, 그리고 『맹자자의소증』 등의 저작에서 논하고 있는 이욕의 구분과 자연/필연의 구분에서 나온 것이다. 대진은 물의 조리 혹은 분리로부터 출발해 사물의 자연(스스로 그러한 조리)나 분리를 따라야만 리를 파악할 수 있다고 인식한다. 자연/필연의 구분은 예와 리를 개인의 의견이 전이된 것이 아니라, 인정이나 물리에 내재된 객관적 영역으로 간주한 것이다. 리는 순자의 예제론과 장자의 자연설의 독특한 결합이다. 자연 방면에서 말하자면 인의 예지는 모두 '성의 자연(스스로 그러함)'에서 나온 것이다. 이 때문에 배움으로부터 알게 되는 예의는 자연의 리를 벗어나지 못한다. 필연 방면에서 말하자면 "예는 천지의 조리이다." 예가 조리이기 때문에, 사람들은 반드시 학學을 통해 이것을 이해하고 접근해야만 한다. 이것이 바로 필연의 의미이다. 이는 송학의 이욕 이원론을 배척하기 위해 이론의 전제를 제공한 것이며, 동시에 학으로부터 예를 알게 된다는 과정을 위해 인식론적 기초를 제공한 것이다. 이른바 '자연을 따른다'라는 말은 바로 백성의 리 혹은 사물의 조리를 따르는 것이다. 그리고 '필연으로 돌아간다는 것'은 학문 공부를 통해 자연을 파악해야 함을 말한다. 대진의 자연/필연의 구별은, 불·도의 자연설과 송유의 이기이분의 관점에 반대하는데, 이기이분은 본래가 노장과 불가의 자연설에서 온 것이지 육경·공맹의 옛 뜻이 아니기 때문이다. 리가 "천하의 백성들이 지니지 않았던 날이 없었던 것"이라면 세상을 초탈하는 불·도의 자연론에서 리를 논할 수 없으며, 반드시 리와 예를 일상생활과 인간의 욕망, 그리고 정감에 내재된 존재로 이해해야 한다.

자연과 필연의 관계에서 리와 예의 관계를 논의하면, 예의 범주는 번잡하기 그지없는 형식에서 벗어나 사물의 내재적인 조리와 밀접하게 상관된 관념으로 전환된다. 이는 바로 고염무가 말한 문과 예의 상호 텍스트적 관계 중의 예이며, 동시에 학의 대상이었다. 이러한 의미에서 학의 뜻은 기계적으로 옮겨놓은 교조가 아니라, 광범위하게 자연의 조리를 연구하고 본받는 것이다. 대진이 예를 숭상한 것은 청대에 발달한 종법제도나 예교와 직접적인 관계가 없다. 왜냐하면 그의 예는 일종의 자연질서로서, 사람의 감정이나 욕망을 어울리게 하고 일상 도덕에서 필요로 하는 질서이기 때문이다. 그는 맹자와 순자의 관점을 종합하여 예의를 자연/필연의 범주 안에 넣어 이해하고, 덕의 형성을 예의와 성·리를 합일하는 문제로 사유했다.

자연/필연의 구분이 노장·불가 및 송학의 자연설을 배척하는 데에 그 의도가 있다고 한다면, 이욕의 구분은 불·도 및 이학의 무욕설을 배척하는 것이라고 할 수 있다. 대진은 욕망이 바로 '혈기의 자연'이며 필연은 바로 이러한 자연 안에 있다고 여겼다. 필연은 자연의 지극한 준칙이 아닌 적이 없기 때문이다. 노장·불가·정주·육왕은 모두 자연으로 돌아가는 방법으로 욕망을 제거해서 욕망과 심지·자연을 완전히 다른 두 가지로 구분하려고 했다. 자연과 필연을 서로 대립하는 양극단으로 간주한다면 욕망과 의리는 충돌하는 것이 되고, 자연과 필연을 서로 소통하는 것으로 간주하거나 필연이 자연에 대한 인식으로 '지극한 준칙'에 도달한 것으로 간주한다면, 욕망을 떠나 자연이나 필연을 논할 수 없게 된다.

대진은 이학이 이욕이분을 신봉하지만 그들이 말한 의리는 자연 혹은 필연이 아니라 주관적 의견일 뿐이라고 비판한다. "마음으로 다 같이 그렇다고 여겨지는 바라야 비로소 '리'라고 일컫고 '의'라고 일컫는다. 그런즉 다 같이 그렇다고 여겨지지 않는 것은 그 사람의 주관적 의견이 남아 있는 것이기에 리가 아니고 의가 아니다." 의리는 반드시 보통 사람들의 공통된 느낌과 요구에 부합되어야 하며,

그렇지 않다면 의리는 그저 한 개인의 사사로운 의견에 불과할 뿐이라는 것이다. 의리는 공인 형식에 판단을 더해야 하는 것으로, 대진은 예가 바로 사물에 내재된 자연에 의지하면서 동시에 사물을 규범화하는 존재임을 강조했다. 대진은 예로 리를 대신하려는 구상을 가지고 있었다. 이는 예가 일상생활의 실천으로부터 파악할 수 있고 또한 응당 그리해야만 하는 것이며, 리의 관념은 불·도가 끼어들어 이미 확증하기 어려운 '견해'의 영역으로 변질되었기 때문이다.

근대 학자들은 곧잘 대진의 '리로 사람을 죽인다'라는 항의와 예교에 대한 비판을 결합시킨다. 그러나 대진은 예교를 비판하지 않았으며 리의 초월성 혹은 정·욕의 본체성을 재건하여 리와 예를 새롭게 합일하려 했다. 대진은 정주와 노장·불가의 분별이란 결국 리로 자연의 범주를 대체하고 이욕의 구분을 엄격히 하여 정과 욕을 리의 범주에서 배제해버린 것이라고 비판했다. 대진이 정리합일情理合一·이욕합일의 관념에서 출발한 것은 정주의 이욕이분을 피하면서 왕학 말기의 정을 본체로 하는 관념 역시 배제하는 것이었다. 정·욕의 범주는 리에 내재되어 있으며 리의 범주는 예에 내재되어 있다. 이것이 바로 이례합일의 함의이다.

대진은 이학에 대한 비판을 통해 공공연히 종법 역량을 비판하고 리로 사람을 죽이는 것이 법으로 사람을 죽이는 것에 비해 더욱 잔혹하다고 여겼다. 아울러 예에 대한 해석과 법의 관계를 연계하여, 제도와 법률을 중시하고 도덕평가와 제도적인 실천의 관계를 회복하려 했다. 이는 이론상으로 삼대 예악과 군현제 국가의 내재적 모순에 균형을 맞춘 것일 뿐만 아니라, 실천에 있어서 종법예제와 국가 법률 간의 균형을 추구한 것이다. 그러나 이것이 대진과 조정의 입장이 일치한다는 점을 의미하지는 않는다. 대진에게 제도와 법률은 도덕 안에 내재하는 존재였다. 이는 도덕과 제도의 통일관계를 강조함으로써 이학과 종법 관계에 대한 비판을 제기하는 동시에, 제도를 강조하는 도덕으로 현실 제도에 대한 비판을 제기한 것이다.

대진은 현실 정치의 폐단은 엄격한 형벌과 법률의 결과가 아니라, 리로 법을 대신한 결과의 산물이라고 생각했다. 자연/필연의 구분과 리/욕의 구분에서 출발하여 다시 새로운 예의 질서로 돌아갈 것을 요구했다. 이는 자연과 필연, 리와 욕을 겸비하면, 지극한 준칙을 지니게 될 뿐 아니라 사물의 내재적 규율과 수요에 합치될 수 있다는 것을 의미한다. 정치적 측면에서 보자면, 이는 민정을 살피고 왕도를 실행하는 것으로, '백성의 리'를 따름으로써 법률제도를 수립하는 것이다. 이러한 관점은 그와 순자의 관계를 복잡하게 만들어버렸다. 대진은 순자의 성악론을 반대하고 맹자의 성선설에 더 근접해 있었으나, 대진이 후천적인 학을 중시하여 필연으로부터 자연을 구하라 요구하면서 자연스럽게 순자의 관점으로 향하게 되었던 것이다.

대진과 순자의 관계에서 학과 예의 관계는 관건이 되는 부분이다. 법률제도를 재건하거나 예의를 수립하는 길이 사사로움·편협함·가려짐을 제거하는 것이라면 그 제거의 방법이 관건이 된다. 진정한 앎을 통해서만 사사로움과 가려짐을 제거할 수 있고 예의는 비로소 인간관계와 일상생활 속에 드러날 수 있다. 이 때문에 대진은 성악/성선이나 리/기 등의 문제에서 순자와 송유를 반대했지만, 학과 예의 관계에서는 순자와 정주학의 관점을 수용했다. 여기서 관건이 되는 것은 대진이 학—즉 사물의 조리에 대한 이해는 필연적으로 정명의 지식 실천으로 체현된다는 것—을 의리 혹은 예의를 통달하기 위해 반드시 거쳐야 할 길로 간주했다는 점이다. 대진이 순자와 정주의 주장에 근접하게 된 또 다른 원인은 그가 비판한 대상, 즉 선천적인 자연에만 내맡긴 채 후천적인 학습을 경시하는 노장과 불가 때문이었다.

대진은 이학의 이원론을 비판하면서도, 분명히 정주와 육왕을 구분했다. 호적은 "경敬을 논하는 데 상세했고, 학을 논하는 데 소략한" 대진의 대담하기 그지없는 단언에 대해 극찬했지만, 이 속에 불가를 끌어다 유가에 넣으려는 폐해를 깨트리려 한 점은 이해하지 못했다. 후자의 측면에서 볼 때, 대진의 관점은 그저 정통 안에서의 이단일 뿐이었다. 또한 그가 지키려고 한 것은 이례합일·도기일체라는 한학의 전제 혹은 유학 정통이었다.

대진의 학문 수준과 사상 능력은 그 시대 최고 수준을 대표하고 있으나, 그 시대의 사상과 도덕의 심각한 곤경을 보여주기도 한다. 대진은 한송 사이에서 오가고, 유불 사이에서 방황하고, 도법 사이에서 주장이 오락가락했다. 결국 순맹과 한송 사이에서 주장들을 조정했고, 이례합일과 도기일체라는 유학의 종지와 경학의 교조로 귀결되었다. 대진의 이욕 구분이라는 비판적 역량은 이러한 전제 위에서 수립되었고, 그 한계 역시 이 전제에서 온 것이다. 우리는 "사람이 법에 의해 죽는다면 이를 가련히 여기는 자가 있겠으나, 리에 의해 죽는다면 그 누가 이를 가엽게 여길까?"라는 대진의 호소에서 암시를 발견할 수 있다. 그것은 바로 치도합일 혹은 이법합일이 가장 심각한 억압기제가 된다는 점이다. 그의 항의에서 보이는 준엄함과 입론상의 정통성은 공교롭게도 청대 사대부가 직면한 사상적 곤경을 보여주고 있다. 즉 이례합일과 치도합일은 유학에 내재된 기본 명제이며, 그것은 청대 유학이 천신만고 끝에 찾아낸 결론이었지만, 공교롭게도 이 사상적 전제는 스스로가 몸담고 있는, 그리고 비판하고자 힘쓰던 바로 현실 제도에 의해 이용되고 있었던 것이다. 이 때문에 대진은 경학의 조예가 깊어질수록 그가 느끼는 압박 역시 커져만 갔고, 그의 의리적 격정이 짙어갈수록 그의 마음속 긴장감 역시 강렬해졌으며, 사상적 곤경에 대한 그의 통찰이 명확해질수록 이러한 사상적 도전들에 대응하는 그의 방식 역시 복잡해져갔다. 이러한 사상적 복잡성은 심리적이고 도덕적인 애매함이 되었고, 그 풍부함 때문에 대진의 주장이 다소 취약함을 드러내게 되었다고 할 수도 있다. 여러 사상적인 힘 사이에서 벌였던 대진의 변화무상한 도전은 경학에 대한 자신의 회의를 드러내고 있는데, 이는 새로운 변혁이 경학 내부에서 발전되어 나올 것임을 예고하는 것이기도 했다.

장학성

장학성章學誠은 '육경은 모두 역사다六經皆史'라는 주장으로 고증학의 폐단을 공격하고 경학을 의심하는 길을 열었다. 장학성과 경학가들의 근본적인 차이점은 의리와 고증의 관계에 있는 것이 아니라 육경에 대한 위상 차이에 있다. 경학가에게 도는 육경으로부터 나온 것이어서 문자훈고를 통하지 않는다면 그 길을 찾을 수 없지만, 장학성에게 육경은 도라고 보기에 부족한 것이라 역사의 범주 속에서 의리의 길을 찾으려고 했다. 장학성은 의리를 중시했지만 그의 의리는 송명 유학의 의리가 아니라 역사의 관념이었다. 그에게 역사는 인문학의 한 분야가 아니라, 유학 경전은 역사 본연의 체현이며 유학의 도덕 실천 역시 역사적인 실천으로 간주되어야 한다는 뜻이다. 이러한 의미에서 육경개사의 명제와 왕양명의 지행합일은 같은 차원의 문제라고 볼 수 있다. 장학성은 도기일체·치도합일·이례합일 등의 명제를 경학에서 해방시키면서 이를 역사의 범주로 전환했다. 이는 경학을 선왕의 제도와 실천에 대한 역사 기록으로 간주한다는 뜻이다. 육경개사의 명제는 고증학에 대한 비판일 뿐만 아니라 경학을 도학으로 간주하는 태도와 방법에 대한 부정이기도 하다.

대진은 자연/필연의 구분으로부터 리/욕의 구분을 끌어냈지만 장학성은 '자연/부득불연自然/不得不然'의 구분에서 경학을 사학의 범주로 귀납시켰다. 이러한 범주 안에서 제도·예악과 의리의 형성은 성인의 지혜로 이루어진 성과가 아니라, '맞닥뜨린 때時會'에 의한 결과이다. 장학성은 변화의 관점에서 제도·예악 그리고 행위를 관찰하고, 질서는 그 자체가 바로 일을 따라 변화한 '그럴 수밖에 없음 不得不然'의 결과라고 여겼다. 바꿔 말하자면 질서는 특정한 조건 아래 사람의 자유로운 행동의 결과이지 모든 행위를 규범 짓는 제도가 아니다. 자연과 부득불연의 관계에서 도를 논하는 것은, 고대 전장제도 자체가 성인의 개인적 작위의 결과가 아니라 일상생활의 변화의 산물이며, 의리는 자연 과정에 대한 성인의 부득불연한 인식임을 보여준다. 이러한 의미에서 고대 제도는 의도적인 창제가 아니라 여러 갈래의 힘이 모아진 자연의 성과이다. 이는 전형적인 진화사관으로, 의지를 지닌 사람의 행위는 자연 과정의 내재적 요소일 뿐이며, 역사의 질서는 여러 갈래의 힘이 모아진 운동의 산물이라는 것이다. 사람은 군체관계 안의 존재이며 군체의 분업·합작 및 각기 자신의 일을 담당하는 것은 자연의 추세이고, 공평과 질서의 의리는 바로 이러한 자연질서를 반영한 것이다. 삼대의 제도는 자연을 따른 것이면서 동시에 부득불연한 것이다. 고대 전장제도도 이와 같고 후세의 변혁 역시 자연에 순응해야지 개인의 사사로운 의견으로 자연의 추세를 대신하려 해서는 안 된다. 이러한 시각과 유종원이 자연의 추세로 제도의 변천을 논증한 관점은 일맥상통한다. 장학성은 구체적인 제도와 환경을 벗어난 도는 존재하지 않으며, 영구불변의 제도와 환경도 존재하지 않는다고 여겼다. 즉 정전, 봉건, 학교 등의 삼대 제도 역시 때가 그렇게 만든 결과라고 여긴 것이다. 도기일체는 역사 안의 지식·제도와 역사 변천의 방식으로 이해해야 하는 것이며 더 이상 유학의 도덕 이상이 아니었다.

장학성은 역사의 변천·사회의 분화와 제도의 연혁을 자연 과정으로 간주하여 치도일체에 대한 경학가와 이학가의 관념을 바꿔버렸다. 예제 질서는 일에서 발생한 변화이며 일 자체가 바로 자연의 산물이다. 이른바 "주공은 정치를 이루었고 공자는 입교의 법도를 밝혔다"라는 말은, 주공과 공자의 차이가 의리의 다름 때문이 아니라 맞닥뜨렸던 상황이 달랐기 때문이란 뜻이다. 성인이 예악을 제작하고 문자를 만든 것은 도와 동체이기 때문이 아니라, 신들린 듯 저절로 그리되는 바에 근거하여 세상의 음양 변화의 '자취' 안에서 도를 체득한 것이다. 이러한 의미에서 주공·공자의 학문은 자연에 대한 인식이며, 자연에 대한 그들의 인식 행위 역시 자연 과정의 일부분이다. 장학성에게 육경은 성인의 도가 아니라 성인의 자취에 불과한 것이다.

도가 자연의 추세에 있다고 주장하는 장학성의 도기일체론은 이학의 이기이원론에 대한 비판이지만, 다른 측면에서 보면 삼대 이래 예악과 제도가 분화되면서 도덕평가의 새로운 방식을 택할 수밖에 없다는 생각이기도 하다. 복잡하게 변화하는 역사 관계 속에서 예제의 형식주의를 견지하는 것은 쓸모없는 일이며 옛 제도와 경서의 예의만을 고증하는 것 역시 무의미한 일이다. 중요한 것은 고금의 변화에 통달하여, 생생한 생활의 실천 안에서 세계를 이해하고 자연 안에서 부득불연한 것을 통찰하는 일이다. '구체적인 사실을 가지고 리를 말하는卽事言理' 것과 '구체적인 사실을 떠나 도를 말하는離事言道' 두 가지 지식 형식은 관사官師·정교의 합일과 분화에 대한 대응이기 때문에, 이를 단순하게 성인이나 후세의 선비 개인의 선택이라 간주해서 안 된다.

장학성은 도기일체의 관념을 엄격하게 지키며 당시 학술과 학자들의 인격에 대해 지극히 준엄한 비판을 가했지만, 그의 역사관은 장자의 자연설과 순자의 예제설 사이에서 '공公' 관념을 통해 내재적인 연계를 구성한 것이다. 이 문제는 예가 외재적 규범인가 자연의 내재적 질서인가 하는 문제와 관련되어 있다. 장학성은 예를 내재적 질서로 간주했으나, 내재는 사물 혹은 사람의 선천적 본질을 가리키는 것이 아니라 예가 역사 관계의 변동 속에 내재되어 있음을 가리키는 것이다. 도기일체의 명제는 전장제도와 현실의 실천으로부터 도를 구할 것을 요구했고, 기器의 관념은 청대 학술이 주목하던 전장·예제와 밀접한 관계가 있었다. 육경개사의 관점에서 볼 때, 전장제도와 학술 풍조는 성현의 제작이 아니라 자연 추세의 결과였다. 도에는 스스로 그러한 바가 있고 학술에는 그리될 수밖에 없는 바가 있었다. 전장제도·경세실천은 모두 개인의 작위가 아니라 자연 추세였고, 육예경전은 대부분 작자의 이름을 모르기 때문에, 공자의 70제자의 후학들이 기록한 바를 살펴봐도 누구의 손에서 나온 것인지 고증할 길이 없다.

장학성은 도기일체의 역사관을 치도합일의 정치 현실과 동등하게 두지 않았을 뿐만 아니라, 이례합일·도기일체의 관념으로 제자백가의 주장과 정주육왕을 간단하게 부정해버리지도 않았다. 여기서 관건이 되는 것은, 유학이 대답해야 할 기본 문제가 무엇이 도덕의 기초이고 어떻게 해야 도덕적 행위가 될 수 있는가 하는 것이다. 장학성의 입장에서 보자면, 사학의 관념은 오늘날 사람들이 말하는 역사학의 관념이 아니라 도덕에 관한 관념이라고 할 수 있다. 도덕 실천과 도덕의 의의는 구체적인 역사 관계와 경세실천 속에 존재했고, 경세실천과 역사 변천, 그리고 도덕평가와 경세치용은 합일된 것이었다. 육경개사·도기일체·즉기명도卽器明道와 지행합일은 동일한 명제의 서로 다른 표현으로 간주할 수 있다. 이러한 명제들이 해결하려는 근본 문제들은 바로 실천·지식과 제도는 어떠한 관계를 지니고 있는가 하는 점이다. 지식은 응당 실천과 합일되어야 하는데 실천은 언제나 제도에 내재된 실천이다. 제도는 언제나 자연 과정 중에 존재하며 인식 과정 역시 자연 과정의 일부분이다. 그렇다면 지식의 형식은 이학과 경학의 방식을 초월하여 사학의 방식을 취해야만 한다. 이것은 세계가 혼연일체의 자연 과정이며, 자연 과정에 대한 인식 형식은 반드시 진화 혹은 변화의 관념을 내재하고 있기 때문이다. 바로 이러한 관념이 사학과 이학·경학을 구분 짓는다. 하지만 그것들이 대답하려는 문제는 완전히 일치한다. 여기서 핵심이 되는 문제는 장학성이 관통과 의리를 중시했지만, 그가 제기한 사학 관념은 동시에 도덕 개념이기도 하다는 것이다. 그것은 개체 혹은 형이상학적 관념을 통해 도덕평가를 형성할 가능성을 완전히 부정한다. 대진과 장학성은 서로 다른 차원에서 도덕과 자연의 관념을 연계시켰다. 하지만 이러한 자연의 관념은 장자 식의 자연도 아니었고, 순자 식의 예제도 아니었다. 그것은 예악제도와 역사 변천에 내재되어 있는 자연에 대한 초월과 종합이었다.

　그렇다면 이학과 경학에 대한 장학성의 비판과 총결로부터 어떠한 결론을 얻을 수 있는가? 우선, 이학·경학과 사학은 모두 같은 문제, 즉 도덕의 기초와 근거는 무엇이며 어떻게 해야 비로소 도덕의 경계에 다다를 수 있는가에 대한 서로 다른 답변 방식이다. 이학가는 본체론과 우주론의 구조 내에서 이 문제에 답변하길 시도했으나, 경학가는 반드시 선유先儒의 남겨진 가르침으로 돌아가야 한다고 여겼다. 장학성은 이러한 두 가지 방식 모두 문제가 있다고 여겼다. 왜냐하면 그들은 도덕 행위가 실천의 구조 안에 존재한다는 것을 잊어버렸기 때문이다. 이러한 실천의 구조는 부단히 변동하는 제도에 의존한다. 그래서 실천은 자연의 진행 과정이며, 이러한 자연의 진행 과정은 제도와 그 변천의 형식으로 드러난다. 이러한 의미에서 장학성은 경학가보다 더 경학의 전제에 근접했던 사람이라고 할 수 있다. 다음으로 고염무로부터 장학성에 이르기까지, 도덕 행위에 대한 그들의 이해는 이학에 대한 비판 운동을 조성했다. 그들은 모두 이학의 도덕 실천을 형이상학적 관념으로부터 구해내어 새로운 제도적 실천의 틀 안에 놓으려고 했다. 그러나 그것은 단순히 선유의 교의에 따르기만 해서는 이해할 수 없으며, 현실의 제도를 행동의 근거로 삼은 것도 아니다. 제도는 인간 행위의 자연스런 결과이다. 이는 자연 진행 과정에 따라 부단히 변화하는 탄력성 높은 질서이다. 이 때문에 제도는 역사의 자연 진행 과정의 일부분이자

진화하는 역사적인 질서라고 해야 할 것이다.

　고염무·황종희·대진 그리고 장학성의 도덕관은 고대적 도덕관을 지닌다고 할 수 있다. 그들은 모두 순수한 자아 혹은 천리를 도덕의 근거로 삼는 방식을 거부했다. 근대주의자는 자아 관념의 형성을 외재적 권위에 대한 탈피로 간주하지만, 유학자의 입장에서 말하자면, 예악제도는 외재적 권위가 아니라 인간의 행위에 내재된 질서이다. 장학성이 보기에, 질서의 본질은 반드시 시세와 천리의 균형을 이루는 과정에서 드러나는 것이다. 자연의 추세를 부득불연한 방식으로 통찰하는 것, 그것이 바로 장학성이 생각한 실천의 길이었다. 다른 말로 하자면, 윤리와 정치에 대해 성찰하는 사학이며 사학의 형식으로 등장한 실천론이었다.

7장   청대 금문경학과 제국의 합법성

왕조 합법성

앞에서 유학의 도덕평가 방식과 그 전환의 의미에 관해 논의했으니 이제 건가 시기에 새롭게 등장하여 근대 개혁가들의 사상적 토대로 작용한 금문경학의 사회정치적 의미가 무엇인지에 대해 분석한다. 이번 장의 초점은 금문경학이 청 제국의 전환과 그 합법성 이론으로서 어떠한 역할을 수행하는지의 문제가 된다. 청대 경학의 내부에서 선왕의 정치규범과 역사 변화, 봉건과 군현, 천하와 국가, 삼대 제도와 경전, 개인 욕망과 예제질서 사이에는 내재적 긴장이 자리하고 있다. 경학은 이학의 천도관과 심성론을 비판하며 새로운 제도 질서를 구축하려고 했으나 얼마 후 내부의 위기를 맞이하게 된다. 고염무, 황종희로부터 대진, 장학성의 학술에 이르기까지, 그 동력은 역사 관념과 예제 규범 사이에 부단히 발생하는 긴장과 모순이었다. 이것은 경학에 내재하는 역사 충동, 즉 경학 실천을 통해 변혁의 근거와 의지를 찾으려는 동력으로 작용했지만, 경학의 '변화' 관념은 경전 속의 제도, 도덕과 예악에 한정되어 현실 변혁의 근거를 제공할 수 없었다. 따라서 경학가들은 부득이하게 '변통權'의 역사 경험에 의지할 수밖에 없었다. 변통의 관념은 경학 내부에서 정치적 책략을 토론하는 데 이론적 공간을 제공했고, 동시에 경학의 속박으로부터 벗어날 수 있는 근거를 발견하게 했다.

청대 경학의 모순과 충동은 금문경학 세력이 흥기하는 조건을 제공했다. 그들은 『춘추』를 선왕의 정치규범의 기술로 간주했을 뿐만 아니라 공자의 변법이론으로 이해했다. 역사를 자연 추세의 결과로 간주했을 뿐만 아니라 주관적 의지의 산물이라고 보았고, 변화의 역사관을 고대 역사의 경전 서술로 연역하는 한편 금문가의 『왕제』, 고문가의 『주례』로부터 서구의 각종 정교지식에 이르기까지 제도개혁의 근거와 방안을 부단히 모색했다. 여기서 정치규범과 법은 인간의 주관의지와 밀접히 연관된 영역으로 변화했다. 즉 문왕의 법, 대일통 관념은 자연 변화의 결과가 아니었고, 또 선왕 통치의 유적이나 경전의 교조가 아니었으며, 공자가 시대 변화에 맞추어 신왕을 위해 수립한 법 또는 미언대의였다. 변법의 관념은 이러한 원칙을 경과 사의 범주로부터 해방시켜 현실의 변혁 방안으로 조직됐다. 이것은 학술파벌 간의 분화가 아니라 경학 내부에서 벌어진 사상 중심의 근본적인 전환이라고 할 수 있다.

건가 고증학의 대표인물과 비교할 때, 금문경학의 대표인물은 왕조정치와 매우 긴밀히 관련되어 있었다. 청대 금문경학은 건가 시기의 상주학파에서 시작되었다. 장존여, 공광삼에서 유봉록, 송상봉으로, 그리고 공자진과 위원으로 이어지는데, 『춘추공양전春秋公羊傳』을 중심으로 하여 금문의 관점에서 경전을 두루 해석하고 이를 통해 현실의 도전에 대응하고자 했다. 장존여의 학문은 그 당시엔 널리 알려지지 않았지만, 그가 제창한 청대 금문경학의 전통은 유봉록에 의해 크게 발전되고, 공자진과 위원에 의해 시대 상황을 관찰하고 평가하는 사상적 자원이 되었으며, 청말 변법 시기에 이르러서는 시대를 풍미하는 학술사조가 되었다. 청대 금문경학자들의 예의, 법률과 역사에 대한 연구는 다민족으로 이루어진 제국 내부의 민족관계, 사회를 구성하는 기본 원칙 및 그 내재적 모순, 청 제국이 직면한 부단히 변화하는 내외관계 및 그 충돌과 밀접히 연관되어 있다. 청대 중기부터 장존여, 유봉록, 위원, 공자진 등은 끊임없이 화이, 내외 및 삼통, 삼세 등의 범주를 통해 왕조의 합법성 문제를 탐구했고, 예와 법을 기초로 하여 중국에 관한 관념을 재구성했다. 금문경학자는 경학의 관점에서 왕조의 내외관계를 처리하는 예의와 법률 사상을 발전시켜, 새로운 역사 실천—즉 식민주의 시대하에서의 변법 개혁—에 이론적 기초와 사상적 시각을 제공했다. 이러한 의미에서 청대 중기에 시작된 금문경학 운동은 정치 합법성과 관련된 경학 연구이자 정치 실천이론이고, 왕조체제의 역사적 변화에 적응하여 세계관을 부단히 재구성하는 과정이라고 할 수 있다.

　청 제국의 특수한 상황에서 역사와 제도 변화에 대한 긍정은 필연적으로 종족관계의 문제와 결부되지 않을 수 없었다. 금문경학의 역사 변화에 대한 관심과 변법개혁의 사고는 주로 청초 경학의 내외관을 바꾸는 데 집중되었다. 이를 통해 춘추공양학의 내외에 대한 규정에 근거하여 초기 경학과 이학 사상 속의 강렬한 민족의식과 화이의 구분을 제거했다. 금문경학자가 고염무, 황종희가 제창한 경사의 학문을 정치이론으로 전환시킬 때, 그들은 경학의 내부 규칙을 바꾸었을 뿐만 아니라, 이러한 변경을 통해 자신의 정체성을 재구성했다. 제도 내부에서 화이, 내외관계를 미봉할 방법을 찾을 수 없다면, 변법개혁을 실행할 토대를 구할 수 없게 되는 것이다. 이 때문에 고염무, 황종희와 왕부지王夫之의 학술에 드러난 강렬한 반항성과 민족의식은 금문경학에서 약화되고, 정반대 경향의 사고, 즉 종족이 아닌 문화를 통해 정치 정체성의 근거를 구성하고 나아가 내외, 화이의 구별을 해소한 후 청조제국의 합법성을 재구성하는 사유로 전환되었다. 고염무, 황종희, 왕부지에게 있어서 삼대의 제도는 경학 혹은 이학의 내재 구조일 뿐만 아니라 도덕 정체성(민족 정체성)의 이론적 근거이자 정치적 실천의 근거였다. 이를 통해 만주족 제국의 정복정책, 종족등급과 귀족정치를 비판했기 때문에 강렬한 정통주의와 화이 관념을 지니고 있었다. 그러나 금문경학은 대부분 왕조변혁의 시각에서 문제를 고찰했다. 그들은 제도를 내외관계의 상호 추동의 결과로 보았고, 화이의 엄격한 구분을 없애면서 치도, 권변과 법률의 관계를 중심으로 왕조의 합법성 이론을 구성하고자 했다.

금문경학은 대일통 왕조의 합법성 이론이라고 할 수 있다. 변법이론은 유민으로 자처하는 학자의 비판적 사상도 아니고, 사고관四庫館 신하들의 관료적이면서 학자적인 애매한 경학 연구도 아니며, 자칭 명사들의 풍유나 공론과도 다르다. 만청 시기에 그것은 청 왕조의 정치 체제 내부에서 출현한, 개혁파를 자임하는 한인관료의 변법이론이었다. 이는 반항적 민족 사상이 아니라 공리적 제도 (예의)관계가 금문경학의 주된 관심이라는 점을 뜻한다. 경학의 중심이 청대 경학의 비판 전통 및 건가학자의 고증학 경향에서 금문경학가의 정치이론 및 변법 책략으로 전환된 것이다. 금문경학에서 예의 문제가 중심적 지위를 점하게 된 것은 제도와 법률 개혁에서 도덕적 합리성이 요구되었기 때문이다. 법률은 반드시 예의 도덕적 함의를 지니고 있어야 하는데, 이것이 바로 예형禮刑 관념이 금문경학에서 부각된 근본 원인이다. 이러한 전환의 관건은 중국 사회의 정치 정체성의 기초를 바꾸는 것이다. 즉 종족 정체성에서 문화 정체성으로의 전환, 화이의 구분에서 내외 무분별로의 전환, 준 민족 국가적인 민족 사상에서 지대무변의 대일통 논리로의 전환이 그것이다. 그래서 변법 개제론은 필연적으로 중국의 함의를 재규정하는 일과 밀접하게 연관되어 있다.

청대 정치가 직면한 기본 문제 가운데 하나는 합법성 문제, 즉 어떻게 만주 왕조를 중국 왕조로 재구성하느냐 하는 문제였다. 정치 합법성 이론으로서의 금문경학, 특히 춘추공양학은 새로운 왕조에게 유가의 예의와 법률 체계를 통해 합법성을 위한 이론적 토대를 획득하는 주요 방법을 제공했다. 장기적인 역사 관점에서 보면, 공양학의 정통론, 삼통론, 대일통 및 법률 관점은 단순한 유학이론이 아니라 진한 이후 역대 신왕조가 합법성을 수립하는 주요 근거 가운데 하나였다. 왕조가 교체될 때 학자, 책사와 황권 자신은 모두 체제 내부에서 공양학의 취지를 유용하여 신왕조의 정통을 수립하려 힘썼다. 이러한 성향은 그들이 금문경학자인가 하는 것과는 아무 관계가 없다. 삼통설의 관점에 따르면 모든 새로운 왕조의 정통은 이전 두 왕조의 예의, 법률과 제도의 계승, 종합, 개조를 통해 수립해야 한다. 청조는 원과 명을 본받아 자신을 중국 왕조의 계보 속에 끌어들여, 자신의 정통과 한인 및 기타 민족에 대한 통치를 수립하려고 했다. 청조는 다민족, 다문화, 내륙과 해양을 관통하는 제국이었다. 북방에서 중원으로 들어온 왕조로서, 청조는 명말청초의 저항운동과 유학 전통 내부의 뿌리 깊은 화이 구별에 직면하지 않을 수 없었다. 따라서 청조 정통을 수립하는 중요한 지렛대로 만주족과 한족 관계의 조정, 그리고 이러한 관계를 조정하기 위해 제기된 만주족-한족 일체론, 화이 상대성론 및 그것과 제국의 제도, 법률의 다원주의 간의 모순을 들 수 있다. 강희제 이래로, 청 왕조는 유학의 정통 지위를 확립하고 이전 왕조의 제도와 법률을 계승하였으며, 완비된 법률 체계를 수립하는 동시에 예리합일, 치도합일을 표방하여 유학을 정통으로 받들었다.

금문경학의 내외, 화이 문제에 대한 사고는, 예의 관계의 기초 위에 다원적인 민족 공존의 제도 형식을 세우고 내외, 화이의 절대적 차별을 없애야 한다는 것을 예시하고 있다. 이러한 중국은 명확한 정치적 강역이나 종족집단, 혹은 대외적 주권 관념이 아니라 예의 관계라고 해야 할 것이다. 새로운 중국 개념은 제국신민의 새로운 정체성을 구성한다. 그것은 통치 지위를 점하고 있는 소수민족과 피지배 지위에 놓여 있는 다수민족 간의 상호 운동의 결과물이자, 청대 제국 내부의 정치와 사회관계의 결과이다. 이 관념은 장존여의 대일통 사상의 핵심이자 천하 관념의 구체적 표현이다. 여기서 중요한 점은 '예의 중국'의 관념이 제국 시대의 종족등급제를 초월하고 있으며, 종족관계를 기초로 한 왕조 등급질서에 대한 비판적 의미를 함축하고 있다는 것이다. 내외 개념을 통해 실제로 처리하려고 한 것은 내외의 관계 문제가 아니라 중국 사회 내부의 등급관계 문제였다. 내외로 등급관계의 주요 형식을 표현하는 이유는 종족관계가 청대 정치와 사회등급의 핵심을 차지하기 때문이다.

금문경학자들은 내외, 화이의 절대적 구분을 철폐하고 봉건, 군현을 혼합하여 다민족 왕조를 의미하는 대일통 이론을 정립했다. 청 왕조는 송명 시대의 군현제도를 계승함과 동시에 봉건의 원칙에 따라 만주족-몽고족의 기제旗制, 서장西藏의 갈하噶厦제도, 서남의 토사土司제도 등을 수립했다. 그리고 중앙 권력 통제와 본래의 사회통치 구조를 결합시켜, 이른바 멀고 가까운 것, 크고 작은 것을 하나로 만드는 왕조체제를 형성했다. 대일통의 이상과 위에서 말한 정치 실천은 서로 호응한다. 금문경학은 송명 유학에서 성행하던 화이의 구분을 비판하고 내외의 구분을 없앤 봉건의 입장에서 송명 시대 군현제를 비판했다. 이것은 청조의 합법성을 인정하는 전제하에서 종족 대결의 경향을 지닌 한족 민족주의를 없애고 문화와 제도의 다원성을 수용하는 왕조체제를 수립하려는 것이다. 대일통과 제국은 모두 외부를 없애는 경향(금문경학의 이른바 "안을 상세히 하고 밖을 간략히 한다"라는 것은 바로 대일통과 제국의 특징에 부합한다)을 지니고 있는데, 여기에는 송명 이학과 달리 외부 종족에 대한 선명한 배타성이 없다. 그러나 대일통과 제국 간에는 미묘한 긴장관계가 놓여 있다. 제국이라는 개념은 일반적으로 정치관계를 지칭하는데, 광활하고 고도로 집중된 영토, 그리고 복잡한 다원적 종족과 문화관계를 포함하고 있다. 이 체제는 제왕과 중앙정치기구를 중심으로 하며, 폭력(공물과 세금)과 무역독점에 의거하여 주변으로부터 중심으로의 경제적 유동을 보장했다. 초기의 청 제국은 종족통치의 기초 위에 건립된 팽창주의적 정치·군사·경제 공동체로 간주할 수 있다. 무력 정복, 군사적 점령과 조공무역을 주요 통치수단으로 삼고, 종족등급과 종족의 분리를 특징으로 하는, 강권에 기초한 귀족제도를 보유하고 있었다. 대일통의 특징은 예의 관계와 정치질서의 합일로, 제국 시대의 종족 격리 정책, 봉건귀족 등급제와 노골적인 무력정복을 철회할 것을 요구한다. 대일통을 주창하는 유학자들은 대부분 청 왕조의 통치 합법성을 승인할 뿐만 아니라, 중원을 정복하고 서북과 서남을 평정한 후 건립한 영토가 광대하고 민족이 다양한 만주족 청 왕조의 합법성을 승인한다. 이 점은 제국정치와 역사적 중첩관계가 존재하는데,

대청 제국의 문치와 군사적 업적에 대해 기록한 위원의 『성무기聖武記』에서 상세하게 보여준다.

금문경학자는 통치자가 왕조 내부 혹은 조공 체계 내의 민족, 종교, 언어와 문화의 다원성을 존중할 것을 요구하고, 왕조의 예의 기초 및 그 도덕적 함의가 다른 문화가치와 정치적 전통을 배척하도록 하는 근거가 되어서는 안 된다고 보았다. 이러한 의미에서 대일통은 왕조정치의 현실과 동일시될 수 없으며, 오히려 실현되기를 기대하는 유교문화의 이상이라고 할 수 있다. 그러나 이러한 이상은 제국 정치로부터 파생되어 나온 질서관이며, 대일통은 군현, 봉건, 제국과 구분되지만 군현, 봉건, 제국의 여러 요소를 포함하고 있다. 예의 중국 관념은 제국정치에 대한 비판이지만, 이 이론이 마치 순수한 예의 기초 위에 제국이 세워진 역사를 증명하는 것처럼 간주되어서는 안 된다. 정치 합법성 이론으로서 금문경학과 제국 간에는 서로 중첩되면서 모순되는 관계가 존재하기 때문이다.

금문경학의 가장 중요한 임무 가운데 하나가 바로 이러한 모순을 해결하는 것이었으며, 특수한 내외관으로 청 제국의 정치 구조 내에서 만한 및 기타 소수민족의 관계를 해석하고, 화이의 구분이 가져온 종족 중심주의를 완화시키는 것이었다. 청초 유학에서부터 금문경학에 이르기까지 줄곧 봉건정신, 제도와 다양성을 군현제의 내부에 주입하는 문제에 관심을 가졌으며, 내외 문제에 대한 사고는 탄력성이 풍부한 제도 설치와 밀접히 연계되었다. 그러나 공자진, 위원의 시대에 아편전쟁이 발발하고, 내외의 함의에도 변화가 발생했다. 장

중국 사상과 대안 근대성

성의 양 측면에서 해양으로 전환하고, 만한일체에서 서양을 포함하는 새로운 화이의 구분으로 전환되었다. 금문경학의 변법론은 이때부터 새로운 내외, 화이관계 속으로 편입되었다. 공자진의 구상은 금문경학 전통 내의 봉건과 대일통의 변증법적 관계를 변화시켰다. 그는 중앙국가가 전국적으로 직접 재정과 세수와 군사를 통제할 수 있는 정치 구조를 탐색하기 시작하여, 청 제국이 직면한 내외의 도전을 해결하고자 하였다. 아편전쟁 이후, 지리학은 서북 지역에서 해양국가로 방향을 전환하였으며, 내외관계는 왕조 내부의 중외일체로부터 유럽 식민주의 시대의 화이 구분으로 바뀌게 되었다.

공자진의 사상은 청조 사회의 위기에 대한 반응이자 해양 시대—군사, 산업, 그리고 정치제도의 확장을 실질 내용으로 하는 시대—에 대한 반응이기도 했다. 해양 시대가 중국 북방의 소수민족 지역에 민족국가의 성질을 부여함으로써 본래의 조공관계와 다원적인 예의 제도를 와해시키려 했다면, 청 제국은 분열의 국면을 모면하기 위해 내부 정치 구조를 변화시키지 않을 수 없었다. 그리고 내부의 통일성을 강화함으로써 자신을 지대무변한 다원적 제국에서 내외 경계가 분명한 민족국가로 변화시켜야만 했다. 민족국가 시대의 통일과 분열의 장력은 제국 시대의 이합의 추세와는 다르다. 전자는 일종의 세계적인 규칙성 변화와 관련이 있으며, 그 핵심 개념은 형식적으로 평등하고, 국제적 승인을 전제로 한 단일한 주권국가이다. 제국의 틀이 단일한 주권국가의 틀로 전환하는 것이 현대 중국 형성의 역사적 전제라면, 제국 건설 과정에서 점차 발전되어온 황권중심주의와 민족국가 건설 과정의 중앙집권적 경향은 상호 중첩적인 과정이다. 바로 이 때문에 왕조의 합법성 이론으로서 금문경학이 청말 국가 건설 과정에서 중요한 역할을 수행할 수 있었다.

『해국도지』

아편전쟁에 이르러서야 비로소 해양 시대의 전쟁과 군사 관계가 점차 한족 사대부의 시야에 들어오기 시작했으며, 청조의 역사, 문화적 정체성, 국가 개혁, 지역 정치관계 등에 대한 사대부의 새로운 인식 또한 촉진될 수 있었다. 이러한 배경하에서 청대 후기에서 민국 시기까지의 민족주의에는 세 가지 기본 방향이 존재했다. 첫째, 해양 시대를 맞이하여 내외, 이하의 절대적 차이를 제거함으로써 중국 내부의 동일성을 재구축하여, 다민족 제국을 주권 민족국가의 정치·경제·군사적 전제로 삼는 것이다. 이는 공자진 사상이 진일보한 부분으로, 제국의 정치 실천, 금문경학의 내·외관, 민족국가 시대의 압력 등을 종합한 것이었다. 둘째, 대륙을 중시하고 해양을 경시해왔던 국가 정책을 바꾸어, 해양 군사산업을 발전시켜 민간 산업과 기타 산업의 발전을 선도하고, 군민 일체의 사회 구조를 형성하는 것이었다. 셋째, 해양 군사력의 재건을 통해 국가의 공업화와 상업 시스템의 발전을 추동하고, 남양에 대한 통제력을 회복하는 것이었다. 새로운 이하, 내외의 구분은 민족국가의 내외관 및 그 주권 관념의 기초에서 나온 것으로, 여기서는 중화제국의 범위가 바로 내외관의 '내' 부분이 된다. 이는 근대 중국의 정체성과 제국의 전통이 내재적으로 연계되어 있음을 드러낸다. 민족국가 관념은 명료한 내외, 주객 관계 위에 세워지는데, 변경과 주권 관념은 바로 이러한 새로운 내외관의 표현이다. 지역 개념은 민족국가 개념과 상호 조화를 이루면서 복잡한 전통적 관계를 식민주의적 세계 체제 속으로 편입시켰다. 전통 제국 시대의 군사 정복과 정치 충돌, 그리고 그 균형 방식과는 달리, 근대 중국이 직면한 통일과 분열의 충돌은 이미 새로운 세계 기획 속에 놓이게 되었으며, 해결 방식은 민족국가와 그 규범 속에 놓이게 되었다.

유럽 식민주의와 무역관계는 군사, 공업, 시장 등의 활동을 통해서 본래의 대륙관계를 바꾸었을 뿐만 아니라, 다원적이었던 제국의 제도를 개조하여 민족국가로 전환하도록 압박했다. 금문경학의 대일통 관념은 강력한 도전에 직면하게 되고, 그 속에 내재된 민족 평등에 대한 요구와 다원적 정치 제도에 대한 구상, 그리고 이하 구분에 대한 비판 등은 새로운 역사관계로 전환될 수밖에 없었다. 금문경학자가 이런 형세에 대해 적극적으로 대응하면서 새로운 방안을 구상했던 점이 바로 '권력 행사行權' 의지를 가장 잘 보여준다. 서역에서의 성省 행정구역의 설치 구상은 근대국가로의 발전 논리를 암시한다. 중국이 세계 경제와 무역 네트워크 속에서 독립적인 역할을 하고자 한다면, 상호 분리되거나 느슨한 경제 단위여서는 안 되며 경제 단위의 정체성을 유지함과 동시에 행정제도의 개혁을 진행하고, 황권하에서 준 민족국가적인 조직 시스템을 시행해야 한다는 것이다.

이러한 과정에서 금문경학의 내외관계에 근본적인 변화가 발생하여, 제국 내부의 예서관계로부터 주권국가들 사이의 내외관계로 전환되었다. 왕후이는 이러한 내외관계의 새로운 모델은 유럽 민족국가 모델에 대한 단순한 이식이 아니라 조공관계의 전통적 맥락에 대한 재구성으로, 제국의 정치·군사·경제 실천을 서북 내륙으로부터 연해와 남양으로 확장시켜 새로운 내외관계의 모델을 기획한 것이라고 주장한다. 내외관계의 상대성은 제국 범위 내부의 중심-주변 관계를 나타낼 뿐만 아니라, 전통 조공 지역 내부로부터 파악한 중국과 서구 국가의 관계를 나타내는 것이기도 했다. 새로운 이하관은 식민주의 시대에 대한 심각한 우려를 담고 있지만, 이런 심각한 우려는 대외 저항의 급진적 태도로 바로 나타나지 않고, 내부 동일성을 강화하고자 하는 노력으로 전환되었다. 이런 민족주의 논리의 추동하에서, 내부의 이하상대화는 내외관계와 상호 조응하면서, 만한 모순과 종족 평등 문제는 새로운 이하 구분에 자리를 내어주게 된다.

위원의 『해국도지海國圖志』는 세계에 대한 종합적 지식을 통해 식민주의 시대 중국의 위치를 확정지었으며, 내륙 제국을 해양 시대의 복잡한 네트워크 속에 위치 지음으로써, 제국이 해양 시대 주권 국가로의 전환을 위한 지식상의 근거를 제공해주었다. 이 책은 단순한 지리학 저작이 아니라 병서의 성격을 지니고 있다. 『해국도지』를 편찬한 주요 동기는 구체적인 대책과 방략을 제공하고자 함이었으며, 동시에 지리학의 형식을 통해 세계의 내외관계를 새롭게 확정짓고, 예의의 관점을 자기 개조의 동력으로 전환하여 근대적 군사관계 내부로 전환시키고자 함이었다. 위원이 세계사나 지리학 방식으로 군사 전략을 전개한 것은 위기에 대한 인식을 구체화한 것이다. 유럽 식민주의는 군사적 폭력과 고도로 동질화된 정치 구조에 의존한 것이었기 때문에, 다른 지역과 국가들이 무역 문제의 처리를 위해 군비를 보강하고, 국가의 정치 구조와 운영 능력을 강화하도록 격려할 수밖에 없었다. 위원은 "군비를 증강시킨다면, 오랑캐와 화평할지 말지에 얽매일 필요가 없을 것"이라고 했다. 무역 문제와 국제관계는 완전히 군사적 균형 상태에 의존한 것이며, 이는 국부적인 문제가 아니라 구조적인 문제였다. 이러한 역사적 조건은 무역 문제가 '오랑캐의 장기를 배워 오랑캐를 제압하는' 군사 전략으로 전환하는 데 동력을 제공했으며, 이러한 군사 전략은 다시 변법개제의 국가 건설 동력으로 전환되었다. '군사를 논한 책'인 『해국도지』가 사람들의 주목을 끌게 된 데에는, 지리학과 세계사의 형식을 채용하여 군사, 무역, 정치 구조, 지역관계 등을 묶어 복잡한 상호 네트워크를 구축한 점이 작용한 것이다. 위원은 중국이 직면한 도전이 체계적이고 구조적인 도전이며, 구체적인 전쟁과 무역에 국한해서는 이 도전을 이해하고 대응할 방법이 없다고 믿었다. 미국과 다른 서방 국가의 민주제도에 대한 그의 소개는 기본적인 목표, 즉 국가의 조직 역량과 동원 역량을 강화하고, 거국적인 통일과 엄정한 법률 시행을 이루고, 유효한 국제경쟁을 수행할 수 있는 통일된 제도를 형성하기 위한 것이었다. 위원을 비롯하여, 만청 사대부의 민주정체와 교육 체제에 대한 이해는 이성이나 자유 혹은 민주의 이념에서 기원한 것이 아니라 군사 동원, 군사 공업, 군사 능력 등에 대한 관심에서 비롯된 것이었다. 이른바 사회 체제의 이성화나 현대화의 최초 동력은 사회 체제의 군사화였던 것이다.

왕후이는 『해국도지』가 서구의 근대 세계상만을 논한 저작이 아니라 중국과 그 조공 체계를 중심으로 전개된 세계 지리, 사회 연혁, 각 민족의 풍속·문화·제도 등에 관한 저작이라고 이해한다. 레오나르드Leonard의 『위원과 중국의 해양세계에 대한 재발견Wei Yuan and China's Rediscovery of the Maritime World』은 위원과 그의 『해국도지』에 관한 연구 가운데 가장 독창적인 저작인데, 중국과 남양국가의 전통적인 조공관계의 배경 위에서 『해국도지』의 남양을 중심으로 하는 해양 세계관을 분석하고 있다. 저자는 남양을 중심으로 하는 해양관이 일본과 인도양을 동서 양극으로 하는 전통적 묘사 방법을 수정했으며, 청대에 남양을 홀시하던 국가 정책을 비판했고, 해군 역량을 강화하여 중국과 남양의 전략관계를 유지하는 일의 중요성을 부각시켰다. 레오나르드는 『해국도지』가 명대 해양관의 회복이라고 본 것이다. 그렇지만 위원은 육상전으로 해상전에 대응할 것을 주장하여, 해양 시대에 있어 대륙의 의의를 매우 중시했으며, 해양과 대륙의 이중관계 속에서 중국 조공 체계의 내재적 네트워크와 그것이 직면한 위기를 드러내고자 하였다. 그가 남양 문제를 매우 중시하였음에도 불구하고 『해국도지』가 제시하는 것은, 중국과 그 육상 해상 조공네트워크를 중심으로 하는 세계상이라고 봐야 한다.

유럽 식민주의는 중국의 민족국가로의 전환을 촉진했지만, 이 과정은 제국의 유산을 역사적 전제로 한 것이면서 동시에 제국의 역사적 유산과 관점을 회복하는 방식으로 진행된 것이다. 해양 시대와 그 국가관계는 새로운 이하관의 탄생을 위한 역사적 조건을 제공해주었다. 하지만 이러한 새로운 이하관을 구축하는 과정 속에서, 위원은 명대와 그보다 이른 시기의 중국과 남양의 관계를 새롭게 발견했으며, 중국의 조공네트워크를 재구축하였다. 그리고 이를 중심으로 유럽, 아메리카 및 기타 지역에 대한 지리학적 서술을 전개했다. 이런 맥락에서, 위원은 명대 혹은 더 이른 시기의 조정이 조공관계를 처리하던 예의와 법률 준칙을 회복하는 것을 중국의 중요한 임무로 보았다. 조공관계의 관점에서 새로운 세계상을 보여주는 것은 다음과 같은 사실을 의미한다. 국가주권의 원천은 『주례』와 춘추공양학에 기술된 그러한 역사 관계로까지 거슬러 올라갈 수 있으며, 조공 체제와 조약 체제의 관계는 확연히 대립되는 것이 아니다. 외래의 압력과 갈수록 강렬해지는 변혁에의 요구에 직면하여, 공자진, 위원, 강유위, 양계초 등의 금문경학자들은 외부 세력에 대한 대응을 내재적 제도변혁으로 전환시켰다. 이러한 사실은 국가 간 관계혹은 질서의 확립이 내부 제도 및 예의 원칙의 재조직과 서로 깊은 관련이 있음을 증명한다. 경학이 처리하던 내외, 이하관계의 원칙들은 점차 국제관계에 따라 운용되었고, 이러한 변화는 근대 주권 원칙이 어떻게 상대화된 내부 사회관계와 풍부한 유연성을 지닌 제도 조건을 와해시켰는지를 설명해준다.『해국도지』의 세계 관계에 대한 서술 속에서 초기 금문경학이 추구했던 제국 폭력과 등급관계에 대한 비판은 점차 소실되어갔다.

조공관계

『해국도지』가 재건하려고 한 제국질서는 조공관계와 긴밀한 연계성을 지닌다. 청대의 내외, 이하관계의 층위 차는 매우 복잡하지만 만한, 만몽 관계를 비롯하여 각종 외교 사무에 이르기까지 조공관계의 틀 안에서 이해할 수 있다. 조공제도는 적어도 5세기에 이미 형성되었다. 형식상으로 볼 때, 중국을 중심으로 하여 내부관계를 외부로 확장시킨 시스템이라고 할 것이다. 유럽 국제법에 드러나 있는, 민족국가 간에 운용되는 법률 규범과 비교해본다면, 조공체제는 국내법과 국제법 간의 형식적 차이가 없다고 할 수 있다. 중앙 왕조와 조공국 간의 관계는 현재의 국제관계를 가지고서는 이해할 수 없지만, 국제관계와 겹쳐지는 부분이 없는 것은 아니다. 조공 체계의 독특성과 혼합성은 이해하는 데 어려움을 주는데, 이는 조공관계를 민족국가의 조약 체계의 배경 속에 놓고 이해하기 때문이다. 가령, 미국의 중국 연구자인 페어뱅크John K. Fairbank는 조공 체계가 중국이 순조롭게 조약 체계에 진입하는 데 장애가 되었다고 여기지만, 하마시타 다케시 등은 이와는 정반대로, 근대 조약관계의 조공 체계에 대한 전복 자체가 일정 부분 조공 체계의 역사적 관계를 계승한 것이었음을 강조한다. 하지만 조공관계와 조약관계를 이렇게 명확한 방식으로 구분하려 한다면, 중·러 네르친스크 조약, 중·러 카흐타 조약 등의 조약이 지닌 함의를 해석할 방도가 없다. 또 어떤 학자들은 중국과 서구의 문화적 차이를 비교하는 데 있어, 예의와 법률의 이분법을 사용하여 조공과 조약의 구분을 해석하는 데 이용한다. 하지만 역사적 관점을 가지고 볼 때, 이런 구분은 여전히 혼란스러운데, 중국 조공 네트워크 내부에 조약 체계와 무역이 포함되어 있기 때문이다. 강희 시대부터, 청조는 이하, 내외관계를 효과적으로 처리할 수 있는 완정한 이론, 예의, 법률 등을 형성했다. 정치 구조 측면에서, 청조의 제국 확장에 수반하여 청조는 내외 사무를 처리할 다중의 정치 구조를 설립했다. 몽고 관련 사무를 처리하기 위하여 설치한 이번원, 선대 왕조를 계승하여 설치한 예부, 내외 사무를 처리하는 군기처 등이 그것이다. 함풍 시대에 이르러 서구 국가의 외교와 예의에 적응하기 위하여, 청 정부는 총리각국사무아문을 설립하여, 중국과 서구 국가 간의 조약관계를 처리하도록 하였다. 이러한 기구의 설치는 제국 내외관계의 다중성과 복잡성에 대한 반응이었으며, 조공관계와 조약관계는 다양한 제도의 형식으로 제국 체제 내에 존재했다. 조공관계는 차등적 예서관계로 설명될 수는 있지만, 반드시 중앙 왕조가 조공국의 내부 일에 간여할 권리가 있음을 의미하는 것은 아니었다. 청 조정의 관방 기록과 기타 국가의 이러한 관계에 대한 이해에는 커다란 차이가 있다. 조공관계는 일방적으로 확정된 차등적 체계가 아니라, 다중적 관계의 실천과 참여에 의해 형성된 역사적 관계였다. 청조는 결코 외부 관계가 결여된 제국이 아니었으며, 조공국과의 쌍방 관계는 항상 국가 간의 관계로서 성격을 지니고 있었다. 청조의 대외관계는 조공이라는 이름하에 진행되기는 했지만, 기타 제국(러시아)과 서구 국가들과의 왕래를 포함하고 있으며, 조공관계와 조약관계는 확연히 상반되어 병행할 수 없는 관계는 아니었다.

초기 제국 간의 조약 혹은 조공관계의 예의 협정은 국제법 위에 세워진 것이 아니었다. 그것은 힘의 차이 및 문화 교류의 산물이거나 혹은 내부관계의 확장이었다. 제국 간의 조약 체결은 국력의 우열과 상호 규범에 대한 인정의 산물이었다. 조약 자체는 국내법 혹은 국내 예의 체계의 규범적 법률 체계를 초월해서 세워진 것이 아니었다. 조공 체계 내부의 일부 정치적 실체들은 국가의 특징을 지니고 있었는데 조선, 베트남, 유구(타이완의 다른 이름) 등과 같은 경우가 그러하며, 다른 일부는 국가 개념을 가지고 지칭하기 곤란한데, 서남 지역의 토사가 그러하다. 어느 상황에 속하든 간에, 그들은 제국 와해의 산물 혹은 민족 자결의 산물로서의 민족국가와는 중요한 차이가 있다. 조공 체계 내부의 협정 혹은 조약은 형식상으로 평등한 국가 간의 조약이 아니라, 특정한 예의 관계의 산물이라고 봐야 할 것이다.

예의와 규칙의 체계가 중국을 중심으로 진행되기 때문에 이 체계를 중국 중심의 조공 체계로 보는 경향이 있다. 이런 관점은 중국이 중심적이고 우월적인 지위를 향유하여, 조공관계는 기본적으로 중국 국내관계의 연장이기 때문에 국제와 국내의 명확한 구분이 존재하지 않는다고 여긴다. 조공 체계의 성립은 이 체계에 참여한 국가가 특정한 세계 도식과 예의 규칙을 공유할 것을 전제로 하며, 전통 왕조체제는 이를 지지한다. 조공 예의 체계는 보편적으로 유효한 질서로 여겨졌으며, 청 제국은 이 차등 체계의 최고 지위를 승인받을 수 있었기 때문에, 참여 왕조는 국제관계 규범의 대표 기구가 될 필요가 없었다. 하지만 청조가 이웃 국가에 대한 존중 및 이웃 국가 간의 상호 존중을 결여했다면 조공 예의가 진정으로 유지될 수 없었다는 점도 고려해야 한다.

국제법

19세기의 전 지구적 현상 가운데 하나는 유럽 국가가 아시아, 아프리카 등의 정치 실체와 쌍방 간 혹은 다자간 조약을 체결하고, 그들의 영토, 주권, 이익을 합법적 형식으로 유럽 국가 수중에 들어오게 한 일이다. 유럽 국제법은 주권을 독립국가 간의 상호 승인의 기초 위에 세움으로써, 전통적 주권 개념에 도전했다. 16~17세기에 유럽의 종교전쟁에 직면하여, 장 보댕Jean Bodin과 홉스Thomas Hobbes는 정치 질서를 세우는 가장 좋은 방법은 법의 단일성 혹은 국가주권을 중심으로 하는 정치 일원화라고 생각했다. 이러한 법의 단일성 해석을 근거로 내부의 반항은 불법으로 규정되며, 주권 개념은 국가 권위기구와 상호 의존관계에 놓이게 된다. 이런 의미에서, 주권은 국가 내부의 권위 조직 및 통제 범위를 의미하는 것이며, 새로운 법률을 만들어 그 신민을 복종케 하는 권력인 것이다. 하지만 대내 주권 자체는 내부 사안에 대한 배타적 처리권을 포함하는 것으로, 반드시 외부와 관계를 맺어야 한다. 베스트팔렌 평화회의의 영향하에, 대내 주권 개념은 점차 상호 승인의 주권 개념으로 대체되어, 주권의 원천을 내부 통치의 합법성으로부터 외부의 승인관계에서 찾는 방향으로 바뀌게 되며, 법리상 제국 통치권 및 봉건 영주제와는 중요한 경계선이 그어지게 된다.

식민지 민족해방 운동이 유럽 국제법에 대해 새로운 규정을 내리기 이전까지, 주권 국가 개념은 주로 유럽 국가들 사이에만 국한되었다. 유럽 국가가 기타 지역의 국가와 조약을 체결할 때 모종의 주권국가의 존재를 설정하고 있었지만, 이 시기 주권 개념은 완전히 형식주의적이며 근본적으로 실질적 국가관계를 설명할 수 없었다. 19세기의 맥락 속에서 유럽과 아시아·아프리카 국가 간의 조약은 유럽이 추진한 제국주의 정책의 산물이며, 이러한 조약을 규범적 기초로 삼은 국제법은 사실 유럽의 국제법일 뿐이었다. 국제법에는 서로 다른 문화와 사회가 국제관계를 처리할 때 취해야 할 원칙들에 대한 논의가 포함되어 있지 않았으며, 철저하게 유럽적인 것이었다. 독립국가 체계의 출현은 전통 유럽 제국의 와해를 수반했는데, 유럽 내부 정치관계의 변화는 근대화 과정이라고 볼 수 있다. 이런 의미에서, 상호 승인을 지표로 하는 실증주의적 국제법 관념과 계몽주의적 국제법 관념 사이에는 사실상 내재적 역사 관계가 존재했다. 국제법은 기독교 문명 혹은 유럽 계몽주의의 틀 안에서 유럽 근대성의 관점을 구축한 것이었다. 20세기에 유럽 국제법은 유럽적 혹은 기독교적 국제법으로부터 세계질서로 확장되어 갔으며, 규범적인 평등한 국가 체계가 지배적 질서로 되어갔다. 이 전환을 구성하는 두 가지 정치적 조건이 있다. 첫째, 유럽 국가와 기타 지역의 주권 단위가 광범한 조약관계를 이루게 됨에 따라, 실질적으로 불평등한 국가관계를 형식상 평등한 국가관계로 전환시키는 데 역사적 조건을 제공해주었다. 둘째, 식민주의와 자본주의의 세계적 범위로의 확장과 함께 아시아, 아프리카, 아메리카 각지의 반식민 운동이 민족 자결 운동과 건국 운동으로 전환되기 시작했다. 이에 따라 유럽 국제법에 의해 확정된 상호 평등한 주권 국가 개념이 확장되기 시작하여 전 세계의 국제관계 준칙으로서 운용될 수 있게 되었다. 현대 세계의 주권 개념은 이러한 두 가지 운동의 결과였다고 할 수 있다.

여기서 왕후이는 중국을 중심으로 하는 조공체제, 이슬람 세계의 법률체제, 그리고 기타 규범 체계와 마찬가지로, 16~18세기 유럽 국제법 역시 지역적인 체계였다는 점을 강조한다. 이런 시각에서 볼 때, 19~20세기에 형성된 서구 중심의 보편적 세계질서는 오히려 예외적인 상황이라고 해야 할 것이다. 위원의 『해국도지』속에 수록된 경선과 위선이 그어진 세계지도를 전통 지도와 비교해본다면 이 점이 더욱 확연해진다. 이들 지도 사이의 차이는 중국 지도와 세계 지도 사이의 차이가 아니라 전통적 천하와 오늘날의 세계 사이의 차이라고 할 수 있다. 이러한 전 지구의 형상이 없었다면, 청말 사상가인 강유위康有爲는 경선, 위선의 틀 속에서 대동 세계와 유학보편주의를 구축할 수 없었을 것이다. 『대동서大同書』의 세계에 대한 구상은 지식의 전환과 이상적 청사진의 전환 간의 상호 관계를 매우 전형적으로 보여준다.

대일통의 가치, 예의 중국의 관념과 근대 중국의 국가 건설은 중층적 관계를 지니고 있지만, 대일통이 제공해준 이상 모델과 민족국가의 구상에는 상당한 차이가 있다. 민족국가는 민족성 및 타자와의 관계 구축을 기본 전제로 삼지만, 대일통과 예의 중국의 관념은 엄격한 내외, 이하의 경계 구분을 반대하고, 민족 격리 정책과 자기 민족 중심주의를 반대한다. 이는 일종의 문화 다원적이며 내외 구분 없는 천하 상상과 기획이다. 예의 관계 혹은 문화를 가지고 다원적 정치공동체의 기초를 삼으며, 다른 민족들과 지역 간의 변방 지역(국경이 아니라)을 연계의 끈으로 삼는 것이다. 민족국가 시대에 청말 금문경학은 변화의 형세에 순응하며 민족국가를 지향하는 변법 개혁에 사상적 원천을 제공해주었지만, 다른 한편으로 유학보편주의를 재건하여 대동을 지향하는 세계 관리에 가치와 규범을 제공하고자 했다. 유럽 국제법이 갈수록 보편 질서의 기초가 되어가는 과정 속에서 요평, 강유위 등이 유학의 예의 규범에 의거하여 구상한 만세법萬世法은 실질적인 성과를 얻을 수 없었다. 하지만 그들이 세

　　　　　　　　　　　　　중국 사상과 대안 근대성

계상을 재건하려는 활동 속에서 전개했던 대동의 구상, 자본주의 세계 관계에 대한 분석은 깊이 있는 예지력과 통찰력을 지니고 있었다. 이것은 금문경학의 역사관과 유학적 관점이 근대 세계상과 충돌하며 새로운 접점을 찾아가는 과정이었음을 뜻한다.

8장 청말 유학보편주의와 대동 세계

유학보편주의

서구 중심의 해양국가 시대가 도래하면서 천조 제국의 세계관이 붕괴되고 만세법으로 작용하던 유학의 보편성이 약화되어, 중국은 더이상 천하가 아니라 열국 가운데 하나의 나라가 되었다. 오랫동안 만세법이라 여겨졌던 유학 경전과 그 속에 내포된 예의 규범은 보편 가치를 지니지 못한 지방적 지식이 되었고, 중국은 국제법을 준수해야 하는 세계의 일원으로 전락했다. 이 시대는 유럽 중심의 세계적 지식이 지배 지식이 되고 있었기 때문에, 유학 내부에서 이러한 지식을 포용할 수 있는 시각을 발견하여 변혁의 청사진을 제시하지 못한다면, 유학은 몰락의 운명을 피할 수 없었다. 청말 금문경학이 유학보편주의를 재구축하기 위해 개제, 삼세, 대동 등의 주제를 부각시킴에 따라, 왕조 개혁 및 세계와 중국의 관계 정립 문제가 반성적 시각 속에 편입되었다. 이는 금문경학이 왕조의 합법성 이론으로부터 왕조의 변법개제 이론으로 전환하고, 중국 중심의 만세법에서 세계 속의 국제법에 대한 관심으로 전환하는 과정이라고 할 수 있다. 그리고 민족국가, 식민 체계, 산업화 과정을 중심으로 하는 전 지구적 자본주의에 대한 성찰이 이루어지게 되는데, 이는 만청 유학보편주의가 중국의 문제를 넘어 전 지구적 관리의 문제에 주목하고 있다는 점을 보여준다.

강유위는 청대 금문경학의 마지막 사상가이자, 유학보편주의 재건에 있어 가장 중요한 인물이다. 그의 사상적 관심은 변법 강국과 대동 세계의 건설에 있었다.『신학위경고』,『공자개제고』등의 저작은 유학 내부로부터 전개된 개혁운동이었으며, 금문경학이 제국의 합법성 이론으로부터 변법개제 이론으로 전환되어가고 있음을 의미하는 것이다. 변법개제의 중심 문제는 국가 체제 전환의 문제였다. 그리고『대동서』에서 강유위는 주권국가의 실천을 재앙과 혼란의 근원이라고 여겼으며, 민족국가 정치 구조와 해양군사력을 역사적 기초로 삼는 자본주의를 부정했다. 그 의도는 민족국가 및 그 체계를 부정하는 기초 위에서 전 세계 정치 구조를 새롭게 구상하려는 것이다. 이 과정에서 공양삼세설公羊三世說을 전 지구적 역사 서술의 근거로 삼았으며, 금문경학의 사유 범위가 전통 중국의 영역을 넘어서고 있었다.

강유위는 전대의 유학 만세법의 신념을 계승하고, 금문경학을 특정 지역과 사회에만 적용되는 지식으로 보는 것을 거부하면서, 유학을 변화에 적응할 수 있는 보편 지식으로 확장하고자 노력했다. 그는 19세기의 새로운 국면을 대일통 시대로부터 열국 경쟁 시대로 가는 과도기라 규정하고, 이 시대 유학보편주의의 과제가 열국 시대를 극복하고 새로운 차원의 대일통 체제를 재건하는 길이라고 인식했다. 초기 금문경학과 마찬가지로, 새로운 유학보편주의는 국가 논리에 대한 극복이자 대일통 제국 건설을 위한 기획이었다. 이 문제에서 강유위의 유학보편주의는 대동 논리와 강국 논리의 상호 충돌을 내재하고 있다. 강국 운동은 기본적으로 식민주의에 대한 저항을 호소하지만, 추구하는 논리는 서구 보편주의 지식에 대한 재확장과 긍정이라고 할 수 있기 때문이다. 즉 유럽 식민주의와 산업화 노선을 모방하여, 스스로 주권국가를 구성해냄으로써 제국주의 침입에 대항하고자 하는 것이었다. 유학보편주의의 최종 목적이 부강 논리를 모방하는 데 있는 것이 아니라 이를 비판하는 데 있다고 한다면, 이 과정을 초월하는 이론적 논리와 구상을 제시해야 한다. 이런 맥락에서 유학보편주의 재건은 민족국가·식민 체계·자본주의 관계에 대한 반성과 비판이 전제되어야 한다.

청말 유학보편주의는 제국의 확장으로부터 기원하는 것이 아니라 일종의 절망감, 외부와 내부를 파악할 수 없는 긴장감, 만세법이 지방적 지식으로 변질되는 것에 대한 우려로부터 기원한 것이다. 중국의 지리·제도·경제·문화 등의 한계에 대한 인식이 없고 유학 이외의 서적·지식·신앙에 대한 인정이 없었다면, 유학보편주의를 재건하고자 하는 원동력 또한 존재할 수 없었을 것이다. 열국경쟁의 시대에 유학 만세법의 지위는 서구 지식을 유학 내부로 받아들일 수 있을 것인가의 여부에 달려 있었다. 강유위에게 삼통은 서구의 각종 정치·종교적 지식의 참조를 위한 경학적 근거로 바뀌게 되며, 삼세는 전 인류의 진화법칙에 조응하는 보편 공리로 전환되며, 내외는 중국과 서구의 관계를 조정하는 시각이 된다.

유학보편주의의 회복은 유학을 중국과의 단일한 연계로부터 해방시켜 중국을 세계 내부에 위치시키고, 중국과 세계의 관계를 재건하는 것이다. 즉 세계의 현실을 이해하여 중국 내부를 통일된 총체로 구성하고, 내외무별의 중국을 명확한 외부를 지닌 주권 단위로 전환시키는 것이다. 강유위는 이러한 이율배반 속에서 대동에 대한 원대한 구상을 전개시켜 나갔다. 장존여, 유봉록과 다른 점은 강유위가 중국 개념의 정립에 집착하지 않고, 세계의 재조직에 착안했다는 점이다. 유학의 보편성은 더 이상 중국 개념에만 의존하지 않았으며, 서구 과학과 정치 학설과 마찬가지로 세계와 우주의 보편 법칙이 사유의 근거가 되었다.

『대동서』

『대동서』에서 강유위는 중생의 고통이라는 시각과 고통을 없애고 즐거움을 추구하는 현세적 지향을 결합시켜, 외적으로는 불가적이고 내적으로는 유가적인 외석내유外釋內儒의 사상 체계를 구성했다. 내유가 근본을 이루지만 외석 역시 매우 중요하다. 불교 세계관의 틀 내에서만이, 유학의 의리가 구체적 역사관계를 초월한 보편적 적용 가능성을 획득할 수 있기 때문이다. 강유위는 인류사회를 포괄하는 본체론을 통해 새로운 보편주의를 표현하고자 했지만, 유학은 이러한 시각을 제공해줄 수 없었다. 인류의 제도·예의·도덕 자체가 고통의 근원이 되고 나면 그것이 국법이건, 군법이건, 가법이건, 아니면 다른 어떤 신성한 대법이건 간에 모두 인도에 위배되는 법칙이 된다. 중생의 고통에 대한 강유위의 서술 속에서 유학 특히 금문경학의 기본 종지를 찾아볼 수는 있지만 유학 의리의 보편성은 상대화되고 있다.

금문경학의 발전이라는 측면에서 볼 때, 강유위의 대동 구상은 공자진의 봉건 배제의 관점을 극단적으로 확장시키고, 대일통 개념을 전 지구적 범위로 확장시킨 것으로 볼 수 있다. 대동의 역사적 전제는 장존여·유봉록이 꿈꾼 봉건 예의의 세계가 아니라, 봉건을 철저히 배제하는 것이었으며, 이는 봉건의 배제가 '국가 경계의 분열로부터 통합으로 진화해온' 자연 추세이기 때문이다. 이런 맥락에서, 강유위는 삼대를 폄하했을 뿐만 아니라, 춘추를 비판하고 진의 통일을 높이 평가했다. 그리고 유럽 식민주의자들의 아프리카에 대한 과분 등의 행위를 모두 봉건을 없애고 통일로 나아가는 상징으로 바라보았다. 이로 인해 강유위의 대동설과 공정부公政府에 대한 구상은 전쟁과 겸병에 대한 부정이면서, 또한 전쟁과 겸병을 대동에 이르는 길이라 이해하고 있다. 공양삼세설의 틀 속에서 이 문제를 논의하기 때문에, 강유위의 연방과 대동의 관계에 대한 상상은 경학가가 이해했던 봉건과 군현의 관계와 다소 유사하다. 연합국의 구상을 논할 때, 강유위는 세 가지로 체제를 구분했다. 각국이 평등하게 연맹하는 체제, 각 연방이 내정을 행하고 국정은 대정부로 통합하는 체제, 국가를 해소하고 각각 자립 주군州郡을 건설하여 공정부로 통일하는 체제. 삼세설의 구분에 따르면, 이러한 세 가지 정치 체제는 각각 '연합의 거란세 체제', '연합의 승평세 체제', '연합의 태평세 체제'로 나뉘며, 상호 간에는 일종의 적층적 진화관계가 존재한다. 그 가운데 연방에 대정부를 가미한 체제(즉 연합의 승평세 체제)에 가장 접근한 것은 삼대·춘추의 봉건 체제이다. 그래서 강유위의 대동 초기 단계에 대한 구상은 봉건 가치의 요소를 지니고 있고, 전면적인 대동의 단계에서도, 정당 경쟁이나 의회 논쟁, 관료 부패가 없는 정치 형식 등에 여전히 유가의 삼대에 대한 상상의 흔적이 담겨져 있다.

융통성 있는 분업 속에서 "대동지세에는 일반 백성이 없어지고", 온 세계가 세계를 관리하니, "따로 관리가 없게 된다." 직무의 고하는 있지만, 직무의 이행은 매우 융통성 있게 이뤄지며, 직무 이행 이외에는 "전 세계 사람들이 모두 평등하고, 직위의 구별이 없으며, 귀천의 구분도 없어진다." 이러한 역사 상상 속의 정치 형식은 자본주의·공업혁명·식민주의의 새로운 역사 조건하에서 전 지구적인 정치 형식으로 확장될 수 있었다. 대동 세계는 교통과 통신이 고도로 발달된 기술 조건하에서 세워진 하나의 지구촌이며, 원래 있던 국가나 민족을 단위로 하는 자치권력은 더 이상 유효하지 않다. 도道를 가지고 구획을 나눈 대동 세계의 정치 단위는 집·종족·고향·국가·주 등과 같은 전통 개념을 버린 것이다. 이런 정치 구조 속에서는 봉건 자치의 요소만이 아니라, 연방 정치의 자치 형식 역시 와해된다. "전 지구의 규모로 통합되어, 종횡으로 경도와 위도에 따라 각기 백도로 나누고, 매도에 하나의 정부를 세우되, 수천의 소정부를 통합하여 전 지구의 대정부를 건설하니, 더 줄일 수도 늘일 수도 없다." 도는 국가·종족·지세를 단위로 하는 것이 아니다. 그 규모는 하위 행정단위를 설치할 수 있을 만큼 커서도 안 되고, 전 지구적 관리를 진행할 수 없을 정도로 작아서도 안 되기 때문에, 도를 가지고 자치 단위를 나눈다면 최대의 효율을 얻을 수 있다. 도는 자치 단위인데, 지연·문화·종족 등의 요소를 제거하고 정치 구조 이질화의 뿌리를 뽑아 자치를 가장 기층사회에 실현시킬 수 있는 특징을 지닌다. "대동지세에는 전 지구가 모두 자치를 하므로, 관리가 곧 백성이며, 애초에 대소의 구분이 없게 된다." "따라서 태평지세의 농장은 지금의 촌락이다. 그 지방 정치는 농장주가 주관하고, 상점장·우체국장·전기국장·비행선국장·기차역장은 이를 보좌하니, 향관을 설치할 필요가 없다." 이러한 관점은 강유위의 현실 정치 속에서의 자치 관점과 평행관계를 지닌다. 그는 효율적인 중앙정부와 보다 작은 지방행정기구의 이원 체제를 주장하면서, 원나라 이래 추진되어온 성 단위의 자치 형식에 반대했는데, 성 체제는 효율성이 낮고 사회 분열의 가능성이 높기 때문이다. 이는 중앙집권의 필요성과 사회 자치 혹은 공민 자치의 주장을 결합한 구상이라고 할 수 있다.

대동의 제도 혹은 세계 관리와 관련된 구상은 「거국계합대지」와 「거란계치태평」의 두 부분에 집중되어 있다. 전자는 대동 실현의 과정과 방향을 논하였고, 후자는 대동 세계의 정치 구조·경제 관계·사회 모델 등을 구체적으로 서술하였다. 대동의 초기 단계는 공정부가 설립된 단계로 각국의 주권은 여전히 크게 작용하며, 이 단계의 주요 임무는 공정부를 통하여 각국의 공률을 제정하고, 관세·도량형·언어 문자 등을 통일시키는 것이다. 이러한 연방 구상에 의거하여 규정된 정치 형식이 진일보하여 국가연합·인종연합·종교연합으로부터 인종·국가·종교의 구별이 없는 단계로 나아가는 과도기 형식이다. 완비된 정치 구조라는 차원에서 볼 때, 대동의 국가에 대한 부정은 세계 정부의 기초 위에서 세워지는 것으로, 세계 차원에서 세워진 관리 체제인 셈이다. 따라서 대동은 국가에 대한 부정일 뿐 아니라, 일종의 확대된 외부가 없는 국가이다. 대동 세계는 양급 정부, 즉 전 세계 대동 공정부와 각 도정부로 나뉜다. 공정부의 정치 체제 구성은 24개 부분으로 나뉘는데, 대동정부의 설치가 일반적인 국가 정치 체제의 설치와 구별되는 점은 상비군·사법·외교가 없다는 것이다. 회의의 설치 역시 약간 다른데, 공정부 상의원은 각 부의 대표가 맡고, 도정부 상의원은 인자 혹은 지자가 맡는다. 하의원은 의원을 설치하지 않고, 전체 인민이 공의를 구성한다. 정치 체제는 융통성 있는 분업의 기초 위에 세워지므로, 의원 자체는 공정부 혹은 도정부의 한 부분이지 권력 분립 체제는 아니다.

『대동서』는 국가·민족·종족 등의 문제에 대한 반성은 물론, 계급·성별·재산권 등 자본주의 내재 논리에 대해 비판한다. 이러한 비판은 공양삼세설과 보편주의적 평등관의 틀 안에 놓여 있어서, 형식상으로는 자본주의의 특정 역사 논리에 대한 비판이 아니라 인류 생활 속의 보편 현상에 대한 비판이라고 할 수 있다. 『대동서』가 공상 사회주의 저작인지, 아니면 자산 계급의 계몽 저작인지에 관한 논쟁이 있었지만, 『대동서』가 관심을 기울인 점은 새로운 세계 관리 방식을 창출하는 문제였다. 대지를 통합하고 인류를 동질화시키는 문제는 과학 기술 발전, 생산방식의 전환 등을 전제로 한다. 대동의 논리가 향하는 곳은 현대 자본주의이며, 공자학설의 의미 역시 자본주의 내재 논리의 극복이라는 의미 안에서만 보편적일 수 있다. 하지만 대동학설은 보편적 진리이며, 그 유효성은 특정한 역사 시기나 특정한 사회에만 국한된 것은 아니다. 거란·승평·태평의 논리에 따라 각 단계는 모두 대동을 향한 과도기로서의 의미를 지닌다. 강유위는 공자가 내린 평등의 정의를 재정립하고 봉건 폐지, 정전제, 노예 폐지, 군권 제한 등을 통해, "계급이 사라진, 사람들 모두가 평민이 되고, 모두가 보통 집에 살고, 모두가 왕후 경상 선비가 될 수 있는" "무계급"의 사회가 그것이라고 인식한다. 중국 사회의 쇠락은 바로 공자의 가르침을 버리고 계급 사회를 재구축했기 때문이다. 미국 혁명, 프랑스 대혁명은 평등을 지향하며, 그들에 의해 창조된 현대 사회의 일부 측면들은 공자의 계급이 제거된 평등주의 가치를 체현하는 것일 뿐만 아니라, 대동 세계의 인류 관계를 예시하는 것이 기도 하다.

강유위는 유학보편주의 시야를 각종 서구 과학, 정교 지식과 결합하여, 유토피아 대동의 전망을 구상했다. 이러한 사회주의적 색채를 띤 대동의 예언은 그가 반복해서 논의했던 보편주의적 공교의 세계와 호응하며, 국가·종족·계급·성별·기타 등급관계 등을 초월하는 구상이라고 할 수 있다. 강유위의 대동 구상을 경학 형식 속에서 표현했던 국가이론과 비교해본다면, 대동과 대일통의 국가 모델 사이에는 민족국가 모델에 대한 부정이라는 공통점이 존재한다. 『대동서』의 가장 중요한 정치적 함의는 바로 국가에 대한 초월이라고 해야 할 것이다. 강유위는 황권중심주의를 재구성하는 동시에, 근대 국가 자체가 피할 수 없는 전제적 성격과 국가이론의 심각한 전제주의적 특징을 명확히 지적했다. 왕후이는 이 점이 근대 중국이 추구하는 자본주의적 근대성에 대한 초월의 요구이자, 중국의 세속화 과정에 대한 종교화된 반항이라고 주장한다. 강유위의 이론 가운데 유럽 민족국가 형성 과정과 유사한 집권적 경향이 있다 하더라도, 그의 개제론과 대동이론은 세속적 집권 경향에 맞서는 사회주의적 경향을 띠고 있다. 유럽의 사회주의가 기독교 전통 속에서 발전해 나온, 민족국가에 대항하는 종교적 역사운동이라고 한다면, 강유위의 대동 구상은 유학 전통 속에서 발전해온, 분립적 민족국가 구상에 대항하는 사상 도전이라고 할 것이다. 이 유토피아 전망은 당시 중국의 현실 문제를 해결할 수는 없었지만, 유토피아 전망의 구축을 통해 근대 세계가 직면한 모순을 잘 드러내고 있다. 즉 근대 기획의 밖에서 하나의 도덕적 방향을 제공해줌으로써 근대 사회의 자기비판을 위한 상상력을 제공해준다. 이 점이 바로 강유위의 유학보편주의와 대동 세계가 지니고 있는 도덕정치학적 의미라고 할 것이다.

9장　근대성 문제와 청말 사상의 의의

엄복

청일전쟁에서 패배함에 따라 청말 금문경학의 유학보편주의가 그 실효성을 의심받으면서 새로운 세계관과 지식 체계를 수용하여 근대적 개혁 방안을 확립하는 일이 절박한 과제로 다가왔다. 중국 근대 지식인들은 주자학의 천리적 세계관을 부정하고, 서구와 중국에 보편적으로 통하는 원리인 '공리公理'를 통해 사회정치제도의 새로운 합법성 기준을 정립하려고 했다. 그들이 추구한 공리는 생존경쟁, 자연선택, 적자생존을 핵심으로 하는 사회진화론이었고, 개혁 방안으로 국가의 부강, 집체, 시장경제 등의 정당성을 주장했다.

　엄복嚴復은 금문경학의 변법 사상에서 벗어나 서구 진화론과 근대과학 방법을 통해 새로운 우주관을 건립하고 서구 자유주의 사상을 토대로 개혁 방안을 제시한 선구적 인물이다. 그는 토마스 헉슬리의『진화와 윤리』, 하버트 스펜서의『사회학 연구』, 애덤 스미스의『국부론』, 밀의『자유론』 등의 번역을 통해 서구가 부강한 원인을 조명하고 중국이 낙후한 원인을 비교분석하여 중국 사회의 근대적 전환을 위한 사상과 지식을 모색했다. 특히『천연론天演論』에서 서구 진화론을 천연 개념으로 번역하여 근대 중국의 세계관을 생존경쟁, 개인의 에너지, 자기주장, 자유 등을 중시하는 공리적 세계관으로 전환하는 데 중요한 역할을 수행했다. 이 천연 개념 속에는 우주 운행 원리로서 진화의 의미 이외에 보편적인 윤리 법칙, 역사 철학 및 가치의 원천이라는 다양한 함의를 지니고 있다. 엄복의 우주자연, 사회, 정치, 경제, 윤리, 제도 등에 관한 관념은 모두 천연의 범주 안에서 구성된 것이다.

왕후이는 하버드대 중국학자 벤자민 슈워츠가『부와 권력을 찾아서In Search of wealth and power』에서 엄복의 서구 자유주의 해석이 국가 부강을 위한 목적으로 사상의 핵심을 곡해한 것이라는 지적에 대해 해명하면서, 엄복이 식민 지배의 위기 속에서 역학적 순환론과 군의 세계를 접목하여 민족 보존을 위한 중국적 사상을 기획한 것이라고 주장한다. 왕후이는 엄복의 천연이 진화evolution의 개념에 대한 직역이 아니라 자연과 윤리의 이중적 의미를 지닌 개념이라고 이해한다. 천연 개념 속에는 중국 고대 사상의 자연윤리가 암시되어 있고, 헉슬리와 스펜서의 상충하는 진화 개념을 역학적 우주론 속에 수용하

중국 사상과 대안 근대성

고 있다. 그래서 엄복의 천연 개념에는 도덕주의와 자연주의 사이의 모순이 내재되어 있다. 즉 자연선택을 우주 과정과 인류 생활의 도덕적 기초로 이해할 것인지(스펜서), 아니면 자기억제의 도덕 원칙을 우주의 생존경쟁과 다른 인간사회의 원리로 이해해야 할 것인지(혁슬리)의 긴장이 잠재되어 있는 것이다. 그 사이에서 엄복은 유학보편주의의 도덕윤리와 달리 자연선택의 법칙을 긍정하고, '생존경쟁은 혼란의 근원'이라고 한 혁슬리의 견해에 반대한다. 엄복은 스펜서의 사회진화론이 노자 사상과 상통하는 측면이 있으며, 인간의 행위를 추동하는 기본적인 동력은 생존을 위한 욕망과 요구라고 생각한다. 스펜서의 방임주의와 노자 사상의 자연에의 순응은 모두 인간의 생존 본능을 긍정하기 때문이다. 'evolution'이 객관적이고 필연적인 법칙을 뜻하는 것이라면, 천연은 가치 관념과 행동 준칙을 포함한다고할 수 있다. 그리고 자연 과정은 사물의 자기긍정의 경향을 통해 진행된다는 점에서 인간의 의지와 역량을 중시하는 생존경쟁의 원칙을 강조한다.

왕후이는 생존경쟁을 중시하는 엄복의 천연 개념을 약육강식을 추구하는 사회진화론과 동일하게 봐서는 안 된다고 주장한다. 엄복은 순자의 '군群' 개념을 수용하여 인류사회와 자연계의 차이를 설명하면서 사회의 도덕 원칙을 긍정하고 있다. 진화의 법칙이 도덕명령이 될 수 있는 근거는 '진화보종進化保種' 혹은 '합군진화合群進化'의 자연 결과이기 때문이다. 이는 사회 내부의 약육강식을 고무하는 것이 아니며, 종족 집단의 생존을 위해 외부 세력과 투쟁하는 것이다.

각 개인의 생존을 위한 원시적 투쟁에서 종족과 국가의 형성과 보존을 위해 분투하게 하는데, 이것이 근대 중국에서 생존경쟁, 자연선택, 적자생존의 법칙이 지니는 중요한 의미가 된다. 사회의 구조와 체계로서 군은 자연 세계와 다른 인도人道의 세계이기 때문에 군의 세계 내부에서는 약육강식이 아니라 인도의 원칙을 따른다.

엄복은 인간사회가 점차 문명사회로 진화하는 과정에서 생존경쟁과 윤리 충돌의 문제가 해결될 수 있다고 생각한다. 엄복은 이를 위해 젠크스E. Jenks의 『사회통전A History of Politics』을 번역하는데, 이 책은 문명 단계론을 야만사회, 종법사회, 군사국가의 세 단계로 구분하고 있다. 엄복은 젠크스의 문명단계론에 의거하여 중국의 역사를 요순 시대 이전의 야만사회, 요순 시대로부터 주나라까지의 종법사회, 진나라에서 청대까지를 종법사회에서 군사국가로 이행하는 과도기로 구분하고, 과도기에도 주도적 지위를 차지하는 것은 종법사회의 경향이라고 이해한다. 엄복은 중국 사회를 종법사회에서 군사국가로 진입하는 단계로 규정하며, 스스로 분투하여 주권국가의 지위를 획득하지 못하면 '군치群治'의 이상을 실현할 수 없다고 생각한다. 엄복이 군체를 강조한 것은 서구 자유주의 국가론의 왜곡이 아니라 현실 식민주의 세계 정치 속에서 개인이 아니라 민족과 국가가 생존 단위로 존재하기 때문이다.

엄복은 근대국가를 건설하기 위해 국민의 자유가 매우 중요하다고 생각한다. "주권국가가 밖으로는 이웃의 적국에 대해 독립된 국민을 이루는 것, 이것이 전체의 자유이다. 안으로는 법률 앞에서 평등한 서민을 만드는 것, 이것이 정치적 자유이다." 이러한 자유는 중국인에게 결핍된 서구 문명의 자유로, 중국이 반드시 배워야 할 가치이다. 그러나 이는 자연적으로 주어지는 것이 아니라 정치와 법률에 의해 성립된다. 엄복의 자유와 평등은 이념적인 것이 아닌 소극적인 평등과 자유이며, 선천적인 불평등을 전제로 받아들인다. 그래서 엄복은 자유를 천연의 과정 속에서 이룰 수 있는 것으로 해석한다. 자연 과정 속에서 동식물은 자신의 의지가 없어 자유가 없고 모두 구속의 상태로 존재하며, 정치와 교화의 정도가 높을수록 얻을 수 있는 자유와 자주의 영역은 더 많아진다. 이 때문에 자유의 즐거움은 자치 능력이 큰 자가 누릴 수 있다. 이런 맥락에서 엄복은 자유 평등의 가치와 사회 윤리의 문제를 연계시키고, 자유 평등과 인간사회의 관계는 서로 독립하거나 대립하는 가치가 아니라고 생각한다.

인간사회의 윤리와 그 질서는 유기적 일체성을 지니고 있으며 바로 이러한 사회가 군의 세계가 된다. 엄복은 군의 세계가 유지되기 위해 사회 평형의 기제와 평형의 윤리를 요청한다. 즉 인간사회를 유기체적 도덕 실재로 이해할 뿐만 아니라, 개인의 책임 문제를 군이라는 공동의 가치 속에서 사유한다. 군 개념은 다윈 학설의 영향으로 만들어진 것이지만 그 함의는 생존경쟁과 적자생존 개념과 충돌한다. 엄복의 군 개념은 선천적인 인류의 본성을 가리키는 형이상학적 개념이자 자연 범주에서 분화된 사회 조직의 개념이기 때문이다. 엄복은 순자의 '백성에게는 군이 있다'는 개념에서 출발하여 사회의 도덕적 본질을 확인하고, 다른 한편으로는 군 개념이 서열화된 등급 체계라는 점을 강조한다. 이는 군이 도덕적 본성이라는 점만을 의미하지 않으며, 군이라는 최고 목표를 중심으로 하는 계층적이고 등급적인 질서라는 점을 뜻한다. 그래서 군의 세계를 위한 사회 평형 체계는 사회 구성원들 사이에 평형의 임계점이 어디인지 정확하게 알아야 하며, 자기긍정과 자기억제 사이에서 평형관계를 건립해야 한다. 엄복이 강조하는 군체의 공公 의식은 바로 이러한 평형관계의 표현이라고 할 수 있다.

엄복이 구상한 사회는 유기적 일체성을 지닐 뿐만 아니라, 분화와 종합의 기능 체계를 지니고 있다. 이러한 사회를 재건하기 위해 요청된 지식이 바로 사회학과 과학이다. 이러한 학문은 민족의 동일성 및 근대적 사회와 국가를 형성하기 위한 지식 체계를 제공해준다. 기술 공예의 진보를 추구하고 부국강병에 도달하는 것은 실용주의적인 측면이며, 보다 중요한 것은 세계질서를 발견하여 사람들에게 가치와 의미의 원천 및 행위 준칙을 제공해주는 것이다. 과학이 제공하는 기술과 공예는 자연계의 이용과 부국강병을 위한 기본 조건을 형성하며, 동시에 그것이 드러내는 질서는 인간사회의 지적 질서의 원천과 법칙이다. 이러한 맥락에서 엄복은 사회학을 '과학의 과학'이라고 인식한다. 사회학은 자연에서 사회에 이르기까지 상호 필연적 연계를 지닌 등급 구조를 체현하기 때문이다. 이러한 등급 구조는 분화와 종합의 규칙에 따라 작동하며, 저급한 부분은 고급 부분의 기초이고 고급 부분은 저급한 부분의 목적이 된다. 물리, 화학, 생물의 자연 지식은 논리적으로 윤리, 사회의 지식으로 나아가는데, 과학의 실용주의는 기술 공예와 질서 건립의 이중성을 지니고 있다. 엄복은 천연, 귀납과 연역, 사회학을 목적으로 하는 지식계보를 통해 사회와 국가의 모형을 구축하며, 이것의 정당성을 역학적 세계관과 과학적 방법론 위에 기초하여 설명한다.

왕후이는 이러한 의미에서 엄복의 과학 개념이 이학의 격치 개념과 내재적 연계를 지닌다고 주장한다. 전통적 지식에서 격물치지 방법론의 지위와 마찬가지로 자연과학, 사회과학이 맡은 역할은 지식의 전문 연구일 뿐만 아니라 윤리학적 기능을 지니고 있다. 이는 우주와 사회의 위치를 새롭게 확정할 뿐만 아니라, 나아가 도덕 실천을 위한 객관적 전제를 제공한다. 실증적 방법론은 전통적 세계관을 파괴하는 것 같지만, 그러한 과학관이 내포하는 전체적 의미 구조는 이학자의 미래 소망과 동시에 발생한 것이다. 실제로 엄복이 내심 기대한 것은 세계질서에 대한 과학적 발견을 통해 우리의 혼란스런 의식을 맑게 하고, 존재의 원칙을 파악하며, 사회 분업과 정치 조직을 특징으로 하는 근대적 사회 체계를 구축하는 것이다. 사회학에 대한 그의 이해는 과학계보가 모든 기본 법칙을 자기 속에 내포하는 최종적이고 가장 완정한 그림을 그리는 것이다. 그래서 세계와 중국 사회에 대한 그의 과학적 구상에는 심오한 사상적 깊이를 지니고 있다.

엄복의 과학관이 격치학설과 역사적으로 연계되어 있다고 한다면, 이러한 연계는 단지 과학 방법이 전통적 격치학설을 직접 계승하고 발전시킨 데만 한정되는 것은 아니다. 보다 중요한 것은 엄복이 과학의 정리와 방법을 활용해 이학으로부터 내려오는 우주 본체론, 인류사회의 질서와 윤리 규범, 즉 모든 전통적 질서와 의미 체계를 재구축하고자 시도한 점이다. 이는 과학에 대한 엄복의 이해가 모든 구질서―정치 질서, 윤리 질서 및 우주의 기호 체계―를 회의하고 재구축하려는 점과 관련되어 있음을 의미한다. 엄복에게 과학은 세계관이자 신앙의 원천이었다. 이러한 신앙은 종교적인 선험적 명제가 아닌 검증을 거치고 실증적 근거를 지닌 신앙, 즉 구체적 지식에 대한 탐구를 통해 최종 진리에 도달하는 길이다. 천연, 자유, 평등, 귀납, 연역, 군 등의 범주를 통해 엄복은 우주와 세계를 인식하는 모형을 만들었을 뿐만 아니라, 민족국가 사회를 만들기 위한 과학적 모형을 제공했다. 이러한 모형은 마음속으로 그린 구상이 아니라 세계 존재의 질서를 드러낸 것이며, 과학적 실천과 지식의 분과 체계는 이러한 질서에 도달하기 위한 인식이라고 할 수 있다. 엄복이 구상한 세계는 유기적으로 연관되어 있을 뿐만 아니라 천연 개념에 의해 운행되는 세계이기 때문에 시종 자연주의와 도덕주의가 충돌하고 있다. 그래서 엄복의 사상 속에는 우주 과정과 사회 과정에 관한 창조적이고 낙관적이며 투쟁적인 의지로 넘쳐흐르면서도, 동시에 천연 과정에 의해 초래될 사회적 불평등과 고통에 대한 도덕적 질책과 비관적 사유가 내재되어 있다. 엄복은 중국 사회의 근대적 개혁을 위해 가장 과학적인 방안을 제시했지만 그의 사상은 근대사회의 잠재적 모순에 대한 심각한 우려를 표하고 있었다.

양계초

양계초梁啓超는 그의 생애가 바로 중국 근대사라고 할 정도로 근대 중국 사회의 변화에 적극적으로 대응하며 시대에 부합하는 사상과 대안을 만들기 위해 분투한 인물이다. 왕후이는 조지프 레벤슨Joseph Levenson이 『양계초와 근대 중국의 마음Liang Chi-chao and the Mind of Modern China』에서 감성과 이성, 역사와 가치 사이의 모순이라는 시각을 통해 양계초 일생을 통한 사상 변화에 동일성이나 논리적 연속성이 결핍되어 있다고 암시한 점에 이의를 제기한다. 양계초의 우주론과 지식론의 특징은 풍부한 감성과 복잡 다양성으로 인해 스스로도 "너무 커서 보이지 않는다"고 말한 바 있지만, 중국 정치와 사회에 대한 기본 관점과 개혁 구상 속에 사상 역정을 관통하는 일관된 목표가 존재하고 있다. 그것은 가치와 감성으로 나타날 뿐 아니라 세계를 관찰하는 방법으로 드러나기도 한다. 양계초 사상의 동일성을 찾기 위해 왕후이는 '과학' 개념을 중심으로 양계초의 사상 역정을 1896년에서 1901년까지, 1902년에서 1904년까지, 그리고 1918년에서 1927년까지의 세 시기로 구분한다.

첫 번째 시기의 양계초는 스승인 강유위처럼 삼대의 제도를 기준으로 각종 새로운 지식을 수용했다. 양계초는 중국에 반드시 민주와 입헌을 세워야 한다고 주장하면서, 동시에 중국이 실천적 방면에서는 서구에 뒤처져 있지만 공자의 학설과 고대의 이상제도가 중요한 내용을 포괄한다고 믿었다. 양계초는 인재를 육성하고 학교를 열며 과거제를 바꾸는 것 그리고 관제를 바꾸는 것을 하나의 연속선상에 있는 과제로 보았다. 이는 강유위가 강술한 춘추삼세의 뜻과 일치하는 것으로 사회제도 설계의 필수 요건이며, 그 핵심은 사람의 배양 조건에 있다. 양계초의 교육 구상이 근대서양의 역사로부터 영향을 받았다 하더라도 그 근거는 황종희와 마찬가지로 삼대지제였다. 삼대지제로 근대의 평등주의를 해석하고 실천하는 것은 많은 함의를 지니고 있는데, 그중 가장 중요한 것은 변법개제의 목적이 행정을 실현하고 국가제도를 근대화하는 데 그치지 않고 삼대의 이상을 회복하려는 점이다. 삼대지제의 이상은 군주전제의 부정을 넘어 사회의 재부를 공평하게 분배하려는 구상과 사회 분업을 통해 창조력을 충분히 발휘하고자 하는 구상을 포함하고 있다.

삼대의 학제를 회복한다는 것은 과거제도에 대한 단순한 비판이나 부정이 아니며, 근대 직업화된 교육에 대한 반성의 의미를 지니고 있다. 이는 양계초의 개혁 목표가 특정한 정치적 함의를 담고 있지만 근대적인 것만은 아니라는 점을 보여준다. 교육의 보편성은 정치와 기타 사회 권리와 사회 책임의 보편성을 가능하게 하는데, 삼대의 학제는 정치제도의 개혁을 위해 이론적 근거를 제공하고 변혁을 위한 최종 방향과 점진적 경로를 제공했다고 할 수 있다. 이와 관련하여 주목할 점은 지방자치의 실천이다. 양계초는 민주정부는 지방자치의 기초 위에서 세워질 수 있으며 지방자치는 민중의 참여와 민중 자신의 준비가 필요하다고 생각했다. 삼대의 학제는 인민의 참정을 도모하는 변법 구상과 일치하며, 인민이 지방정치와 국가정치에 직접 참여할 수 있는 정당성과 필요성을 논증해준다.

양계초의 삼대의 학제 및 지방자치의 구상은 만청 사상의 표징이었다. 그러나 삼대의 학제는 정치개혁의 청사진만이 아니었으며, 동시에 정, 교, 예 등 세 가지 방면에서 균형적으로 발달한 인재의 체계적 결합이기도 하다. 양계초는 이러한 결합을 '군群'의 세계라고 생각했다. 삼대지제는 전체 사회를 학교로 만드는 구상으로서, 이것은 이상사회에 도달하는 방법인 군술群術이었다. 군의 세계는 수학 절차를 통해 자연적으로 형성되는 평등하고 유연한 질서를 뜻하며, 삼대의 학제의 중심은 국가에 있지 않고 사람의 배양을 통해 자연적으로 형성되는 군의 자치에 있었다.

양계초는 정, 교, 예의 구조에 의거하여 서학을 수용했는데, 그 목적은 군의 세계에 부합하거나 그에 도달할 수 있는 지식계보를 구축하는 데 있었다. 군 개념은 양계초의 지식론과 제도론 속에서 중심 위치를 차지했으며, 이는 그의 사상의 핵심 부분이 시종 공동체 관념과 도덕성에 우선을 두고 있음을 보여준다. 이로 인해 군에 대한 강조가 자유주의 원리에 대한 오해를 낳았다는 해석이 끊이지 않는데, 군의 덕목을 개인의 독립과 자유 위에 놓는 것이 중국 전제주의의 기원으로 보이기 때문이다. 왕후이는 이러한 평가가 개인주의를 일종의 원자론적으로 이해하여 개인과 그 권리가 사회적 관계의 결과임을 인정하지 않으려는 것이라고 비판한다.

양계초는 지식의 목표는 군과 공公의 이상인데, 공은 늘 기己와 사私에 의해 가려진다고 생각했다. 그래서 양계초에게 과학이 공리를 발견하는 것은 방법적으로 사견을 제거하는 과정이라고 이해되었다. 양계초는 불교의 논리로 과학 인식과 공사의 관계를 설명하지만 그 내재적 논리가 성리학의 수신론, 특히 격물치지론에 뿌리를 두고 있다는 점은 분명하다. 군의 개념은 인지자와 인지 대상의 동일성을 의미하며, 최종적으로 과학의 인지 활동과 선험적 군성이 연결된다. 내면의 청명함과 공리, 공성에 대한 '혜관'은 서로 통일되어 격물과 격심은 동일한 방법이 된다. 격물과 격심의 관계에 대해 양계초는 서양철학과 중국 사상을 끌어와 이율배반적으로 해석하면서도 최종적으로 왕양명의 지행합일로 귀결했다. 공리에 대한 발견은 주체의 사욕 제거 과정과 결합되고 다른 한편으로는 군의 이상으로 연결되었다.

두 번째 시기는 1902년이 중요한 전환점으로 작용한다. 1901년 《청의보淸議報》가 화재로 정간되자 양계초는 1902년 2월 요코하마에서 《신민총보》를 창간할 계획을 세웠다. 신민은 『대학』에 나오는 개념으로, 잡지의 표제일 뿐 아니라 이 시기 양계초 사상의 핵심 주제이기도 했다. 『신민총보』는 5년간 지속되었고 잡지의 리더들은 1902년에서 1907년 사이 중국 지식계의 주요한 논변가가 되었다. 양계초는 서구 문명에 대한 대규모의 번역 소개를 통해 중요한 사상 계몽운동을 시작한다. 그는 보교保敎와 혁명 등의 정치 문제에서 강유위와 갈라져 혁명에 동조하는 경향을 드러냈다. 춘추삼세설의 관점은 포기되고, 서구 철학과 과학적 개념이 양계초 사상의 주요한 용어가 되었다. 그는 근대과학의 역사와 특징, 철학적 기초 그리고 중요한 과학

학설을 상세하게 해설했을 뿐 아니라, 과학적 정의와 방법으로 문명의 본질과 정치적 변천 및 기타 역사 문제를 분석했다. 칸트의 이원론에 의거하여 양명학의 일원론을 개조함으로써 과학/도덕의 이원관계에서 도덕과 지식의 경계 및 그 상호 관계를 구분했고, 과학/도덕의 이원론은 지식과 신앙, 과학과 종교, 이성과 직관 등의 이원관계로 확장되었다.

이 시기 양계초의 사유 속에서 주목할 점은 과학과 종교가 독특한 연대관계를 이루고 있다는 것이다. 국가의 운명이 국민의 지력智力에 달려 있고 지력의 증감은 국민의 사상에 달려 있으며, 사상의 고하는 국민의 습속과 신앙에 달려 있는데, 종교가 바로 "국민의 뇌질을 주조하는 약재"가 된다. 양계초는 지식과 종교는 유기적 관계로서, 과학의 효능은 종교의 신앙을 명료하게 하는 것이지 부정하는 것이 아니며, 종교의 역할은 국민의 사상을 혼돈에 빠뜨리는 것이 아니라 명료히 함으로써 효과적으로 과학 지식을 받아들이게 하는 것이라고 이해한다. 이 점은 양계초 사상의 중점이 제도 혁신에서 신민으로 변화되는 과정과 연계되어 있다.

양계초가 과학과 종교를 직접 연결하는 현실적 동력은 보교운동을 사상적으로 지지한 데서 기인한다. 보교 사상의 형성은, 중국이 심각한 문화 위기 상황에 처해 있다는 사실을 강렬하게 의식한 결과다. 양계초가 초기 보교를 찬성했던 원인은 정체성 문제와 관련되는데, 중국 개혁이 본받아야 할 대상인 서구를 하나의 국가일 뿐 아니라 독특한 문명으로 인식했기 때문이다. 문예부흥과 종교개혁이 유럽의 근대 발전에 거대한 공헌을 했다면, 중국 사회의 변혁과 재구축에도 종교와 신앙의 문제를 고려하지 않을 수 없다. 과학의 종교 비판이 의미하는 것은 몽매한 사고와 종교적 전제에 대한 반항과 진리에 대한 추구가 인간의 자유로운 격정에서 비롯되었다는 사실이다. 따라서 양계초의 종교 비판은 과학적 논리에 연유하는 동시에 자유의지의 내재적 요구에 기초한다. 그는 문명진화라는 역정에 착안하여 종교적 미신이 "인간의 회의를 금하고 사상과 자유를 질식시켜" "인류 진화의 초기 단계에서는 공이 있었더라도 현대 문명과는 맞지 않는다"라고 비판했다. "과학의 힘이 날로 성하면 미신의 힘은 날로 쇠한다. 자유의 경계는 나날이 확장되고 신권의 경계는 나날이 축소된다." 과학의 종교 비판이 지니는 근본적 의미는 바로 과학이 자유의지에 활력을 되찾아준다는 데 있다.

이런 점에서 보면 양계초의 종교 비판은 진정한 종교적 동기에서 나온 것이며, 경험세계의 속박을 받지 않는 자유의지를 긍정했다고 할 수 있다. 종교는 역사 속 영웅에게 열정과 용기, 헌신적 정신을 제공하는 원천일 뿐 아니라 "우주를 뒤흔들고 사회 전체에 질풍노도를 불러일으킬 수도 있다." 양계초는 종교 사상을 이상주의 혹은 신앙에 대한 충성 및 헌신과 같은 것으로 보았으며, 종교를 유심철학과 동일시하고 명말 유학자의 기상을 고무했던 왕학을 종교의 최고 경지로 이해했다. 다른 한편, 인간의 자유의지에 대한 그의 찬양은 치세라는 공리적 동기와 관련되어 있는데, 종교 사상은 자유로운 인간집단을 통일적으로 결집하고 좌절한 인간에게 재기의 희망을 가져다주며 전체 사회에 도덕규범을 세워 나약한 인성에 불굴의 용기를 주입하기 때문이다. 이 모든 것은 사회에 자치의 가능성을 부여하는 것이며 이로 인해 종교는 군치에 이르는 필요조건이 된다.

양계초의 과학 개념과 연계하여 주목할 점이 묵자 학술에 대한 관심이다. 5.4운동 이후, 묵학에 대한 사람들의 흥미는 묵자의 과학 정신에서 비롯되었다. 근대학자 호적胡適이 묵학의 근본 관념을 과학적 방법으로 이해한 것과 달리, 양계초는 묵자의 실용주의, 실리주의 논리학 이론을 특별히 강조하지 않았다. 그는 묵학의 각 방면에 고르게 연원하는 묵자의 근본정신, 즉 겸애兼愛를 강조했다. 양계초는 애와 지를 정감 영역과 이성 영역으로 이해하고, 그의 정감이 도덕률을 기초로 하는 실천성 혹은 도덕성의 개념이라고 인식하였다. 묵자의 지행합일에 대한 양계초의 해석은 도덕 실천이라는 의미에서 진행되었으며, 도덕세계와 현실세계를 서로 교통시킨다는 것은 경험세계와 초경험세계를 초월하는 보편적 원리가 존재할 수 있다는 것을 암시했다. 양계초는 이러한 초월적 보편 원리가 바로 다윈에 의해 증명된 진화론과 적자생존의 원리라고 인식했다. 양계초에게 진화론은 세상만물의 유래와 변화에 대한 과학적 서술일 뿐 아니라 우주에는 목적론이 있다는 신념에 대한 증명이기도 했다.

진화론의 표준은 이로 인해 군에 이익이 되는 이상적 도덕성의 표준이 되고, 자연과 자연성에 대한 억제, 이익과 지선은 진화의 천리 안에서 통일된다. 양계초는 진화론을 보편 원리로 삼아 사학, 정치학, 경제학, 사회학, 종교학, 윤리도덕학 등의 각 영역에 적용했다.

과학 원리의 광범위한 운용은 과학주의라고 불릴 수 있지만, 양계초에게는 본질적으로 도덕주의적이라고 할 수 있다. 인류와 기타 생물의 유래의 역사성에 대한 다윈의 고찰과 실증 분석은 도덕 목적에 활용되었으며, 이로 인해 양계초의 역사학 방법론은 과학과 도덕이라는 이중적 기초 위에 서게 된다.

세 번째 시기는 1차 세계대전 직후의 유럽여행과 서구 근대 문명 성찰에서 시작된다. 이 시기 유럽의 과학과 문명에 대한 양계초의 사유는 5.4 동서문화 논전의 근본 문제에 대한 해소 방안을 제공하며, 1923년 과학과 인생관 문제에 대한 토론을 직접적으로 유발했다. 양계초는 다윈, 밀, 벤담, 슈티너, 키에르케고르, 니체 등의 학설, 특히 과학만능주의에 대해 날카로운 비판을 가했는데, 그 착안점은 과학을 부정하는 것이 아니라 현대인이 과학을 운용하는 방식이 도덕 목적에 배리된다는 데 있다. 양계초가 지칭한 문명의 위기는 과학의 위기라기보다는 도덕의 위기—도덕 원천의 자유의지의 위기—라고 할 수 있다. 양계초의 마지막 십 년 동안의 사상 활동은 대부분 과학과 인간세계와의 관계를 중심으로 진행되었다. 즉 어떻게 심과 물이라는 이원대립을 인간의 생활 속에 통일시키고, 인간생활을 중심으로 외부세계와 인간의 자유영혼의 관계를 해석할 것인가의 문제였다.

이 시기에 양계초는 과학을 인간의 정신 창조 속으로 귀납시켜, 과학과 도덕 사이에서 내재적 동일성을 찾고자 했다. 또한 과학의 적용 범위를 극력 제한하여 과학과 도덕을 성질이 완전히 다른 범주로 구분했다. 이러한 논리상의 곤혹이 있지만 양계초는 인간을 중심으로 과학과 도덕, 필연성과 자유 사이에 일종의 조화와 균형에 도달하려고 했다. 이를 위해 양계초는 과학의 결과와 과학 자체를 구분했다. 그는 수, 리, 화化 등의 개념을 과학 개념과 구별하여, 구체과학과 과학의 물질적 결과를 초월한 과학정신 개념을 부각시켰다. 이 개념은 구체적인 과학 연구와 연결되고 다른 한편에서는 인간의 영혼과 연결된다. 그리고 정치학, 사회학, 경제학 등 사회 발전에 협조하는 비물질적 학설을 과학 범주 안으로 끌어들여 과학 내부에서 심과 물의 균형을 이루려고 했다. 과학이 정신이나 방법으로 추상화될 수 있다면, 인류의 진에 대한 추구와 미의 창조는 공통된 기초를 갖게 되는 것이다.

이러한 조화론적 기획을 통해 양계초는 진화론에 대한 관점의 변화를 만들었을 뿐 아니라 심과 물, 정감과 이지의 이원대립을 극복하려고 했다. 『구유심영록歐游心影錄』 중에서 양계초는 유럽 문명의 위기를 다윈학설이 종교와 도덕을 파괴한 잘못으로 귀결시킴과 동시에 진화론이 자유의지와 서로 조화될 수 있음을 감지했다. 베르그송, 오이켄, 드리슈와 같은 사람들의 영향하에, 양계초는 점차로 진화를 유기체가 인간의 자유의지 속에서 발동하는 발전 과정으로 이해했다. 즉, 유기체 자체는 소극적이고 타성적이어서 어떤 형식과 능동성도 갖지 않지만, 자유의지가 유기체에게 활력과 질서를 주면 그로 인해 진화 과정이 인간의 자유 창조의 과정으로 바뀐다는 것이다. 양계초의 생물학 역사관에 대한 회의는 문화와 창조의 두 개념에 대한 분석에서 기원한다. "문화란 인류의 심능心能이 쌓여서 만들어진 가치 있는 공업共業이다", "창조는 인류가 자유의지로서 자신이 도달하고자 하는 지위에 올라 자신의 심능으로 그러한 위치에까지 돌진해 나가는 것이다." 따라서 문화는 자유의지의 창조이며, "절대로 어떠한 인과율의 속박이나 제한을 받지 않는다." 이와 관련하여 1922~1923년 남경 금릉대학 제일중학에서 진행한 한두 차례 강연에서, 양계초는 막 탈고한 『중국역사연구법中國歷史研究法』에 대해 중요한 수정을 가한다. 첫째, 귀납법은 사료를 정리할 수 있을 뿐 인류의 자유의지의 독창성을 설명할 수 없다. 둘째, 역사 현상 중 자연계와 동류인 사물은 인과율 혹은 필연성의 법칙에 따라 설명할 수 있지만, 인류 문화 창조의 역사는 순전히 자유의지의 영역 안에 귀속된다. 셋째, 역사의 진화는 인류 평등과 일체의 관념 및 문화 활동에 적용되며 실제의 진행 과정은 비진화적이다.

양계초의 진화론과 그 역사관에 대한 평가는 자기모순처럼 보인다. 그러나 기본적인 가치 입장은 일관적이다. 자유의지가 모든 생명활동과 역사 창조의 역량을 구성하고 통제하는 것으로 본다는 것이다. 양계초가 끊임없는 관점의 변화를 통해 도달하려고 한 것이 정신생활과 물질생활의 조화 문제, 개성과 사회성 간의 조화 문제였다. 이를 위해 양계초에게 필요한 것은 과학과 도덕, 이성과 정감, 필연성과 자유의 이원대립을 극복하는 사상 체계였다. 양계초는 인간의 생명활동 자체가 이러한 이원대립을 극복하기 위한 유일한 경로라고 인식하여, 생애 최후의 단계에서 유학의 입장으로 되돌아가 인간을 중심으로 하는 사유 세계를 건립한다. 이러한 지행합일에 대한 실험주의적 해석은 중국 전통 도덕론과 현대 과학관을 연결시켜, 후세 중국인이 도덕과 지식의 상호 관계를 이해하는 데 중요한 사유 경로를 밝혀주었다. 양계초는 근대 인식론의 주체/객체의 이원대립을 거부하고 조화롭고 도덕적인 방식으로 우주만물의 소통 가능성을 추구했던 것이다.

장태염

엄복과 양계초가 진화론과 과학 방법을 중심으로 하는 공리적 세계관 및 근대성 방안을 구상했다면, 장태염章太炎은 그들의 근대성 방안 속에 내재한 공리적 세계관과 권력적 질서를 부정하고 무아의 개체 개념을 기반으로 한 제물평등의 세계를 추구한 인물이다. 장태염은 혁명파인 광복회 지도자 가운데 한 명으로, 1906년 6월 29일 일본에서 《민보》 편집장을 맡아서 논설을 발표했으며, 1905~1907년 사이 강유위·양계초 등 개량파 그룹과 전면적인 정치 논쟁을 벌였다. 논쟁에서 장태염은 개량파의 사회정치 주장에 대해 비판했을 뿐만 아니라 공·군·진화 관념을 기초로 하는 공리적 세계관과 완전히 상반되는 세계관의 구축을 시도했다. 개체·자성 개념으로 진화론과 과학적 우주론을 부정하고, 공리를 내재화한 개인과 민족, 도덕을 부정하고 국가·정부·가족·사회를 공격했다. 그리고 불교의 유식학

唯識學을 운용하여 새로운 종교와 혁명도덕을 건설하고, 장자의 「제물론」을 해석하여 만물평등의 새로운 세계관을 구축했다. 장태염의 사상은 과학적 세계관과 민족국가를 중심으로 하는 근대성 방안에 대한 비판이라고 할 수 있는데, 이는 왕후이가 『홍기』에서 모색하고자 한 대안 근대성과 밀접히 연계된 측면이기도 하다.

엄복과 양계초에게 개인·개체 그리고 자유의 명제가 국가·사회·공리·자연·과학·진화 등의 범주와 긴밀하게 연관되어 있다면, 장태염의 개체 개념은 근대의 공리적 세계와의 부정적 관계 위에서 개체 자신의 절대성을 정립한 것이다. 이는 인간사회가 생존경쟁과 집단 개념을 통해 진보와 선의 세계를 향한다는 사회진화론을 전면 부정한다. 장태염은 사회진화론을 대신하여 선과 악이 동시에 진화한다는 구분진화론을 제기하며, 근대 중국 사회를 지배하는 공리적 세계관과 합목적적 역사관을 부정한다. 이러한 맥락에서 장태염은 개인은 근대적 세계와의 관계 속에서 존재하는 것이 아니라 절대 자주의 존재라고 이해한다. "세계를 위해 태어난 것도 아니고, 사회를 위해 태어난 것도 아니며, 국가를 위해 태어난 것도 아니고, 타인을 돕기 위해 태어난 것도 아니다. 그래서 사람이 세계, 사회, 국가 그리고 타인에 대해 기본적으로 아무런 책임이 없다." 개인은 세계의 분자나 사회의 성원, 국가의 국민, 종교의 신도, 타인의 친구가 아니다. 독립된 개인에게 어떠한 명령이나 타율도 존재하지 않으며, 이런 명령이나 타율이 법률, 교의, 자연법이든 아니면 사회의 책임과 의무든 간에, "자아가 이미 절대라면 타인에 의해 한 터럭도 부여되는 바가 없다." 개체는 개체 자신의 절대자이며 그는 어떤 관계의 범주에도 예속되지 않는다.

장태염은 개인의 자유는 다른 사람을 해치지 않는 것으로 경계를 삼는다고 이해한다. 이러한 자유의 근본 의의는 거부의 자유라고 할 수 있다. 사회, 역사 혹은 필연성 등 공의 형식으로 조성된 어떠한 요구도 개인의 자유에 대한 부정이다. 개인 자유의 진정한 함의는 개인이 무엇을 할 수 있는가가 아니라 개인이 무엇을 하지 않을 수 있는가에 있다. 이는 개인이 신성불가침한 책임, 의무 등에 대해서 거부의 태도를 취할 수 있음을 보여준다. 장태염에게 개인의 자주성은 절대적이다. 상호 부조를 자유라고 여기거나 "사물을 모두 어떤 힘으로 귀속시키면서 지극을 논한다면 반드시 강권을 숭상하게 될 것이다. 말로는 사람이 자유롭다고 하지만 사실은 전혀 자유를 획득하지 못한다." 천리와 비교하자면 공리는 사회에 상존하는 힘으로 개인을 억압하는 것이다. 그래서 "공리의 참혹함은 오히려 천리보다 심하다." 즉 대의 사회 조직이나 그 이데올로기가 개인에게 가하는 압박은 전제사회나 천리를 중심 개념으로 하는 윤리 체계보다 훨씬 심하다는 것이다.

개체는 공리적 세계에 대해 우선성을 갖지만 그 자체로 거짓이 없는 무아의 존재인 것은 아니다. 진아, 아뢰야식(불교의 유심론에서 말하는 인간의 근본 의식), 진여(모든 현상의 있는 그대로의 참모습), 인 등 이 모두가 변화, 생멸 그리고 구체 사물을 초월한 세계 본체이다. "반드시 의타기의 자아가 완전히 사라져야 원성실자성이 확연히 드러난다. 이런 때라야 비로소 무아의 자아가 있다고 말할 수 있다."
무아의 자아와 도덕의 관계를 보자면, 장태염은 "무아를 증득할 수
있어야 비로소 세간에는 평등한 대자비가 가능하다"고 보았다. 장태
염에게 평등의 원칙은 윤리의 규정이 아니라 본체의 상태이다. 이것
은 그가 유식 사상과 장자의 「제물론」을 서로 연관시킨 내재적 기초
이며, 공·군을 부정한 개체에서 개체를 초월한 공을 향한 사상적 교
량이었다.

　장태염은 개인의 자주성을 보호하는 데서 출발하여 공리적 세
계관을 비판하고, 다시 개인 및 그 자주성을 부정하는 단계에까지
도달한다. "아뢰야식은 참이지만 자아는 거짓이다. 거짓에 집착하여
진짜라고 생각하는 게 첫 번째 전도견이다." 개인은 실체가 없어 끊
임없이 변화하는 비보편적인 존재이다. 개체는 의식 속에서 "장식
을 자아라고 집착하고 자아집착의 고집이 의식에 나타나면 선악의
관념이 발생한다." 이로 인해 개체로서 자아는 도덕의 원천이 될 가
능성이 없으며, 죄악의 연원이자 분쟁의 유혹이며 등급의 기원이 된
다. 장태염은 무아의 증명을 우주 보편과 절대 평등의 전제로 보았
다. 이것은 무아론이 진아와 본체, 즉 아뢰야식과 진여를 통달하는
필수 방법이기 때문이다. 장태염이 개인의 자주성에서 시작해서 공
리 세계관과 공의 이름으로 출현한 각종 사물을 부정하고 최종적으
로 도달한 곳은, 절대 자주의 개체가 아니라 본체론적 의미에서 보
편성이다. 무아의 자아야말로 본원성의 존재이고 일체 속박을 벗어
난 주체이며, 나아가 평등이라는 우주 원리의 기초가 된다. 그래서

그의 보편 원리 속에는 공리적 세계관처럼 공의 이름으로 개체 인간에 대해 직접적으로 제약하는 요구가 없는 것이다. 장태염이 여기서 불교 언어로 표현한 공의 사상은 장자가 말한 "하늘은 사사로이 덮는 일이 없고, 땅은 사사로이 싣는 일이 없다"라는 자연의 공이며, 우주론적 의미에서 평등관과 내재적 유사성을 지닌다.

장태염의 이러한 사유는 국가와 정부 그리고 대의제 등 근대국가 기구를 부정하는 무정부주의적 실천을 추구한다. 현실 정치적으로 볼 때 이것은 배만 민족주의자인 장태염이 만주족 청 정부를 인정하는 어떠한 행위도 거부한 점과 연계되어 있다. 이른바 "개체는 참이고 단체는 거짓이다"라는 명제는 개체와 국가뿐 아니라 비국가 사회 조직 일반과 대립하는 방식으로 발전한다. 이는 무정부 사상의 기초일 뿐 아니라 평등한 인민으로 구성된 인민주권의 선언이라고 할 수 있다. 근대 관료제에 대해 개체 개념은 모든 사회 계급에 대한 파괴이자 정치평등에 대한 요구이며, 종법제사회에 대해 개체 개념은 사신-향촌공동체의 종족혈연과 지연관계에 대한 비판이자 중국 전통의 윤리 구조에 대한 전면적 부정이다. 개체 개념은 정치에서는 무정부적이고, 경제에서는 사회주의적이며, 사회에서는 반계급(조직)적 사상 경향으로 발전한다. 개체 개념과 보편 평등의 내재관계는 개체 개념과 공 관념의 비밀스런 연계를 보여준다. 하지만 장태염이 개체 밖의 모든 단체를 부정한 것은 아니다. 현실 정치적으로 볼 때 이러한 부정성은 청 정부의 국가 건설의 허구성을 비판하고 한족 인민이 국가주권을 소유하는 실천으로 나타난다.

장태염의 개체는 공리, 진화, 유물, 자연, 국가, 사회 및 기타 사회 군체의 부정성 관계에서만 우선성을 가지며, 개체 자체도 무자성의 존재가 된다. 그래서 개체는 자아부정과 자아초월을 추구한다. 이것은 불교의 '인무아'와 '법무아'의 원리에서 나온 것으로, 자아 혹은 아견은 모두 상대적 관계에서 발생하는 편견이거나 환상이기 때문이다. 즉 개체는 임시적인 것이어서 영원하고 보편적인 존재와 구분되며, 자성을 갖지 않은 임시적 존재는 도덕 정체성의 근본이 될 수 없다. 그가 추구하는 자아(진여, 아뢰야식)는 개체와 일상의 인륜을 초월하는 보편적이고 진실한 존재이다. 개체의 임시성에 대한 부정 및 보편적 신앙과 우주에 대한 추구가 바로 건립종교론과 제물론 사상이 태어나는 사상 동력이 된다. 이러한 제물세계에서 사람이 공유하고 자득한 것은 사물이 공유한 것이며, 개체는 개인만을 가리키는 게 아니라 우주의 모든 존재를 포괄하는 평등한 우주적 존재를 뜻한다. 사물과 사물(인간과 사물, 인간과 인간, 사물과 사물) 사이의 평등관계는 우주의 존재 원리이자 본연의 상태이다. 장태염이 개체 부정을 통해 도달하려는 세계는 개인의 절대 자주성이 아니라 지고한 우주 원리, 무사無私한 공의 세계라고 할 수 있다. 이러한 공은 전통 유학의 예제의 공도 아니며 사회적인 공도 아닌 절대 평등한 자연의 공이다.

장태염은 이러한 공의 세계를 통해 엄복, 양계초의 공리적 세계관과 상반되는 세계관을 수립하는데, 그 특징은 각종 근대적 방안—국가 건설, 사회 건설, 개체 건설—에 대한 전면적 부정이라고

중국 사상과 대안 근대성

할 수 있다. 엄복, 양계초의 공리적 세계관은 원자(개인)를 당연하고 기본적이며 자연적인 단위로 간주함으로써 사회 창조 과정에서 개체가 생산되고 창조되는 과정을 은폐하였다. 장태염의 개체 개념은 청말 이후 중국 사상의 주류와 완전히 상반되는 것으로, 개체와 사회, 국가 등 집단적 범주 사이의 논리적 연관을 부정했으며, 개체를 사회와 국가의 허구성 폭로의 기점으로 삼았다. 그의 개체 개념은 임시 가설적인 개념일 뿐만 아니라 자아를 부정하는 개념이기도 하다. 그래서 집단 해체의 임무가 완성되면, 개체도 당연히 자성이 없는 다른 사물들처럼 허무로 돌아간다. 장태염의 부정적 공리관에서 개체의 허무화는 전체 우주와 세계의 허무화이다. 그는 개체의 자아부정에 입각하여 무아지아의 개념과 제물평등의 자연관을 발전시켰다. 무아지아는 진여, 아뢰야식 등 독립적이고 불변적인 세계의 본체를 가리키며, 제물평등은 우주 본연의 차이를 자연의 평등으로 삼는다. 장태염이 자식위종自識爲宗, 경어자심敬於自心을 요구한 것은 개체 가치를 중시한 것처럼 보이지만, 부정의 공리 내부로부터 보면 자식, 자심은 개체의 자아의식이나 개체의 내심 체험을 가리키는 것이 아니라 개체를 초월한 아我를 의미한다. 이러한 개체를 초월한 아는 현실 세계의 각종 구조와 부정적 관계를 유지한다. 제물평등의 자연 개념은 동일한 원리에서 비롯된 것으로, 개체 범주를 인간에서 사물까지 확대한 것이 그 특징이다. 장태염은 장자의 제물 개념을 평등의 의미로 해석했지만, 이 평등은 엄복이나 양계초의 공리 사상이 내포한 근대적 평등관, 즉 천부인권설에 입각한 평등이 아니라 일종의 자연 상태를 가리킨다. 인류의 상황이 아니라 자연의 상황이며, 세계의 상황이 아니라 우주의 상황이다. 다시 말하면 공리 관념은 평등관계의 수립을 요구하지만, 제물 사상은 모든 관계에 대한 부정이라고 할 수 있다. 관계가 항상 언어와 명명을 통해 표현되기 때문에, 관계를 없애는 것을 특징으로 하는 제물의 상태는 바로 모든 언어와 명명에 대한 파괴이다. 우주 본체는 명상(즉 언어)의 구속에서 벗어나고, 자/타, 안/밖, 대/소, 애/증, 선/악의 차별과 관계를 벗어남으로써 자본자근, 무시무종, 무소부재의 자연이 된다. 우주의 자성은 그것의 부정 위에 존재하는 것이다.

과학의 발전 및 사회의 구성은 신흥계급과 피압박 국가가 진행한 평등권리 투쟁과 연계되며 해방의 의미를 지니고 있다. 그러나이 해방은 차등관계가 기본 형태인 사회관계를 철저하게 개조하는데까지 이르지 않기 때문에, 평등사회를 향한 전환 자체가 새로운차등화된 억압 형식의 재건으로 변하고 만다. 장태염은 개체/본체관계의 차원에서 평등관계를 수립하여 개체/사회, 사회/국가, 국가/세계의 모델을 중심으로 형성된 각종 사회이론과 구분하고자 하였다. 장태염의 본체론적 공리관 또는 제물론적 세계관은 세계의 어떤측면에 대한 구상이 아니라, 전체적인 세계 구상이라고 할 수 있다. 그가 제기한 새로운 자연 개념은 엄복, 양계초 등의 근대적 방안과완전히 다른 원리를 제기한 것이다. 이러한 세계는 국가, 상회, 학회, 정당, 신사-촌락공동체, 그리고 기타 사회 체제 형식 속에서 실현될수 없다. 이것은 현실 제도의 개혁 원칙이라기보다는 부정적 유토피아에 근접하기 때문이다.

장태염의 제물 세계관과 엄복의 공리적 세계관은 완전히 다른 세계 구상이다. 공리적 세계는 지식의 합리화를 통해 도달하고자 하는 합리화된 세계로서 사물과의 기능적 관계 속에 놓여 있다. 이에 비해 제물의 세계는 공리 및 그 논리관계에 대한 부정으로서, 언어가 규정하는 기능적 관계의 부정 위에 세워져 있다. 기능적 관계의 규정을 통해 공리 세계는 세계의 각종 관계를 통제하고 그들을 등급 구조 속에 편입시킨다. 반면 세계의 기능적 관계에 대한 규정을 거부하는 것은 모든 등급 구조에 대한 부정을 의미하며, 모든 등급제도 실천에 대한 부정이기도 하다. 강제와 차등에서 벗어나려는 시도는 사회/국가의 이원론과 같은 관점이 아니며, 그것이 추구하는 것은 국가와 사회단체의 구성 방식 자체의 억압성이다.

장태염의 사유에는 이론과 실천의 깊은 간극이 내재되어 있다. 제물 세계관은 개체 관념을 핵심으로 임시적이고 자아부정적인 개인, 사회와 국가를 발전시키려 한 것인데, 이 때문에 개체 개념이 원자론의 상태에 머물러 있고, 아울러 국가와 사회의 필요성을 주장하면서도 국가와 사회 및 그 상관관계를 궁극적 목표로 간주하지 않았다. 장태염은 정치적 실천으로 한족 중심의 민족국가를 구상하지만, 그러한 국가와 그가 부정하려고 한 집체 범주 사이의 내재적 모순은 해소될 수 없는 것이었다. 그러나 근대성과 그 위기를 비판적으로 반성하는 데 있어 장태염의 사상이 지혜의 원천을 제공해준다는 점은 부인할 수 없다.

10장 『홍기』의 의의와 문제점

개념과 실천

『홍기』가 다루는 주요 내용은 유학의 보편성과 시대적 전환 그리고 도덕정치학으로서의 실천 방식에 관한 것이다. 사실 비판적 진보 이론을 기대하며 『홍기』를 접한 독자라면 다소 의외의 주제라고 생각할 수 있겠지만, 왕후이가 베버의 서구 근대성론을 비판하며 중국 특유의 내재적 근대성 문제에 관심이 있었다는 점을 감안한다면 피해갈 수 없는 주제라고 여겨진다. 베버는 유교를 세계윤리종교의 범주안에 넣어 현세의 불완전성에 대한 윤리적 자각이 존재했던 종교로 간주하면서도, 현세에 대한 초월적 긴장이 극소화된 종교, '무조건적 현세 긍정과 현세 적응'을 하는 이신론理神論에 불과하다고 인식한

중국 사상과 대안 근대성

다. 베버가 유교를 현세 종교라 규정한 것은, 기독교·이슬람의 신-천국이나 불교·힌두교의 열반이라는 피안의 영역이 존재하지 않아 현세 초월적인 윤리성이 극히 미약하다고 간주하기 때문이다. 베버에게 보편 종교의 핵심은 현세를 비판하는 초월성(윤리성) 여부인데 유교에는 보편 종교로서의 자격이 결여되어 있다는 것이다. 이 문제는 유교에 종교적 특성이 결여되어 있다는 점에만 국한되지 않고, 중국에 근대 사상이 출현할 수 없는 근원적 결핍과 내재적으로 연계되어 있다. 근대 사상은 종교의 초월성, 즉 현세에 대한 윤리적 비판의식을 합리화, 내면화하는 과정에서 탄생되는데, 유교는 현세를 긍정하고 순응하여 종교의 초월성이 결여되어 있기 때문에 근대 사상 자체가 배태되어 나올 수 있는 내부 계기가 부족하다는 것이다. 유교에 현세 비판적인 초월성(윤리성)이 결핍되어 있고 근대 사상을 배태할 수 있는 내부 계기가 부족하다는 것은, 중국이 자체적으로 근대사회로 전환할 수 있는 정신 동력이 없다는 것을 뜻한다.

왕후이가 『근대 중국 사상의 흥기』를 유교보편주의의 정립 과정 속에서 서술하는 것은 바로 베버의 이러한 관점을 넘어서기 위한 것이다. 『흥기』에서 유학 분석의 범주로 사용하는 예악과 제도의 분화 및 합일은, 예악의 신성성이 균열된 현실 속에서 각 시대의 유학이 신성성을 새롭게 재건하는 과정을 표현하는 시각이다. 선진 유학이 주대 예악제도가 붕괴된 상황에서 인을 통해 예를 재정립하고, 한당 유학의 천인관계가 하늘과 직접 소통하는 샤머니즘 전통을 내재적으로 계승하며, 송대 이학의 천리 개념은 예악과 제도의 합일을 위한 내재적 보편 법칙이고, 송대 이후 청말에 이르기까지 경학, 고증학, 금문경학 등의 도덕 실천이 예의 제도와 긴밀히 연계되어 있다고 서술하는 것이 바로 그러하다. 왕후이는 유학의 이러한 도덕평가 방식, 베버 식의 용어로 말하자면 현세 초월적인 계기를 도덕정치학으로서 유학이 지닌 '내재신성성'이라고 이해한다. 이것은 유학에 현세 초월성이 결여되어 있다는 베버의 관점에 대한『흥기』의 반론이다.

사실 베버의 관점은 유교에 관한 지식이 극히 제한된 상태에서 정립된 것이기 때문에 그것을 반박하는 것은 어려운 일이 아니다. 오히려 주목해야 할 점은 내재신성성의 개념이다. 일반적으로 중세 신학을 비판하며 탄생한 유럽 계몽주의는 신의 존재를 부정하고 인간의 이성과 합리성에 의거하여 세계를 사유하는 철학이라고 이해된다. 그리고 인간의 이성과 합리성이 자본주의적인 도구적 이성의 산물이라는 생각이 지배하면서, 근대 사상은 신을 지운 인간중심주의 철학이라는 관점이 더욱 강화되었다. 하지만 베버는 계몽주의 철학이 신을 부정하거나 사라지게 한 것이 아니라 신이 인간 내부로 깊이 숨어 내면화한 것이라고 이해했다. 내재신성성은 근대 사상의 내면적 초월성에 대한 베버의 생각을 잘 표현하는 개념이다. 어쩌면 근대 이후에도 기독교와 공존하는 서구 사상보다 인간의 윤리를 강조하는 유교의 특성이 내재신성성의 개념으로 잘 드러난다고 볼 수도 있다. 공자의 예악론이 주술을 윤리로 전환하고, 주자학이 천리 개념을 수립하는 과정을 내재신성성의 재건으로 이해하는 것은, 유학의 성향에 부합하는 평가라고 할 것이다.

내재신성성 개념으로 유학의 현세 비판성을 승인하는 것은 유학이 '무조건적 현세 긍정과 현세 적응'의 철학이라는 관점을 부정한다. 왕후이가 제기한 예악과 제도의 분화 및 합일은 내재신성성의 개념에 기반한 유학의 도덕 실천 방식이라고 할 수 있다. 매 시기 유학의 형태 전환에도 불구하고 이러한 도덕 실천 방식을 공유한다는 점에서 모두 유학으로서의 공통성을 지닌다는 것이 왕후이의 생각이다. 이학과 심학을 대립시키지 않고 천리를 인식하는 방법상의 차이로 이해하고, 양명학이 관방화된 주자학을 대신하여 주자학 본연의 뜻을 재건하는 것으로 이해하고, 명말청초의 경학은 삼대의 도와 예악제도를 연계시켜 경세치용의 근거를 구하는 것이라 이해하고, 고증학은 삼대의 이념과 제도를 철저하게 복원하여 경세치용의 도를 밝히는 데 목적이 있다고 이해하는 것이 그러하다. 물론 이러한 관점은 왕후이가 새롭게 발견한 것은 아니지만, 유학의 내부관계를 『흥기』의 시각 속에서 정리한 점은 의미가 있다.

문제는 왕후이가 제기한 예악과 제도의 분화라는 관점이 유학의 도덕정치적 실천의 역사에 얼마나 부합하느냐에 있다. 예악과 제도의 분화라는 관점은 구양수가 『신당서』「예악지」에서 삼대 이후 천하에 예악이 전해지지 않아 후세에 예악에서 연원하지 않는 제도가 만들어졌다고 비판한 구절에서 발상한 것이다. 구양수는 이러한 관점을 통해 삼대와 진한수당의 근본적 차이를 기술하고 송대 사회의 문제를 비판하는 기준으로 삼는다. 왕후이는 예악(예악에서 연원한 제도)과 예악의 이념이 사라진 제도의 구분을 송대 유학자들이 일반적으로 수용한 관점이라고 이해하고, 나아가 예악과 제도가 분화된 세상을 다시 합일시키는 일이 유학의 보편적인 실천 원리라고 해석한다. 그리고 예악과 제도의 분화에서 봉건제/군현제, 정전제/사유제, 학교/과거, 내외관계 등 삼대와 후세의 차이를 구분하는 유학의 비판적 상상과 실천 원리를 정립한다. 그러나 여기서 고려해야 할 문제가 있다. 예악과 제도를 엄격히 구분하는 구양수의 관점은 한유에서 주자학으로 이어진 도통론, 즉 요-순-우-탕-문-무왕-공자-맹자 이후 도통이 끊어졌다가 다시 정이-주희로 계승된다는 시각과 마찬가지로, 역사보다는 신성한 권위에 의존하는 유학 정통주의와 연계되어 있다는 것이다.

송대의 국제 정세는 당대와 달리 요와 서하라는 강대국이 출현하여 중국 왕조 중심의 국제질서 및 천하주의가 흔들리기 시작한 위기의 시대였다. 송대 유학자들은 이러한 중국의 위기가 삼대 이후 오랑캐 혹은 이역의 문명이 흡수되어 중국 고유의 문명을 와해시킨 데서 비롯된 것이며, 이를 극복하기 위해선 도통과 정통을 확립하여 중국과 오랑캐의 구분을 분명히 하는 것이 급선무라고 생각했다. 거자오광은 이를 송대 '중국' 의식의 출현[8]이라고 부르는데, 예악과 제도를 엄격히 구분하는 구양수의 관점은 바로 이러한 시대의식이 투영된 것이며, 예악의 유무로 중국 문명과 이족 문명을 구분하려는 정통적 화이문명론이라고 할 수 있다. 그래서 송대 특유의 한족

8 거자오광, 이원석 옮김, 『이 중국에 거하라』, 글항아리, 2012, 제1장 "송대 '중국' 의식의 출현-근세 민족주의 사상의 기원에 관하여" 참고.

정통주의 시각을 중국 중심의 천하주의가 지배하던 송대 이전 사회나 다민족 제국이 성립된 원, 청 사회에 적용할 경우 역사에 부합하지 않는 해석이 나타나기 마련이다. 가령 한대 유학이 공자의 예악론과 달리 천인관계를 기반으로 제도를 사유한 것이라고 설명하는데, 한대 역시 예악의 신성한 권위에 의지하여 사회를 통치한 시대라는 점은 부정할 수 없다. 공자의 예악은 예악의 정신이 합일된 것이고 한대의 예악은 그 정신이 사라진 통치제도에 불과하다고 설명할 수 있지만, 한대의 예악 역시 천인관계에서 그 도덕적 합법성을 구한 것이라는 점을 환기한다면 이러한 구분이 가능한 것인지 의문스럽다.

봉건제/군현제의 문제로 보자면, 두 제도는 근대 이전 중국에 존재하던 정치 체제인데 봉건제는 예악에 속하고 군현제는 제도에 속한다. 봉건제는 천하를 지배하는 중앙의 천자가 신하에게 지방의 토지와 인민을 주고 그 군주로서 봉한 뒤 세습적으로 통치하게 한 정치 체제이며, 각국의 제후에게 상대적 독립을 인정한 지방분권 색채를 띤다. 군현제는 모든 토지를 군현의 직할지로 삼은 뒤 중앙에서 관료를 임명하여 파견하는 정치 체제이고, 관료제를 통하여 천자 한 사람이 모든 토지와 백성을 직접 통치하는 중앙집권제도이다. 그런데 봉건제/군현제의 구분은 역사적 제도로 이해하기보다, 봉건제는 유교의 이상에 부합하는 주대의 제도로 군현제는 전제정치의 폭악을 시행한 진대 혹은 현세의 제도로 대비된다. 역사적으로 볼 때 진한대 이후 실질적으로 군현제가 실행되었음에도 불구하고 유교의 국교화로 봉건제를 그 이상으로 내세우는 경우가 많아 현실과 이상 사이의 거대한 간격이 놓여 있었다. 실제에서는 봉건제를 이상으로 내세우기보다는 이 간격을 메우기 위한 이론적 실천적 노력이 이어졌다. 논의의 중심은 중앙의 천자와 지방의 통치자의 관계를 어떻게 구상하고 처리할 것인가, 즉 중앙집권과 지방분권의 설계와 실시에 관한 문제가 되었다. 이러한 논의를 통해 현실에서 실행되고 있던 군현제가 확고부동한 우위를 점한 가운데 유교의 명분으로서의 봉건제는 부득이 수정될 수밖에 없었다.[9]

이러한 역사적 흐름 속에서 구양수가 활약한 북송대에도 봉건제와 정전제를 부활시키겠다는 생각은 미약했다. 장재나 호굉은 정통주의에 입각하여 이러한 제도를 도입하자고 주장했지만 오히려 주희는 동의하지 않았다. 토지가 사적으로 소유되고 매매되는 사회에서 현실성이 없다고 본 것이다. 토지 사유의 현실, 그리고 그러한 봉건제를 유지할 합당한 사람들을 찾기가 어렵다는 이유 때문이었다. 그가 보기에, 송나라의 체제는 너무 중앙집권화되어 있고 신법에 의해 과도하게 권력과 융통성이 지방정부로부터 사라진 상태였다. 그래서 그는 지방정부에 더 많은 권위를 부여하기를 요구했다. 사람들에게 요구를 많이 하지 않는 정부, 황제에서 백성에 이르기까지 도덕적이고 투명한 정부, 공정하고 예측 가능한 방식으로 사적 개인들과 이해관계 교섭을 하는 정부를 옹호했다. 보다 평등한 사회를 바라는 이러한 비전은 강한 지방공동체 및 사의 리더십과 결합되어 주자학

9 미조구치 유조 외, 조영렬 옮김, 『중국 제국을 움직인 네 가지 힘』, 글항아리, 2012, 73~75쪽.

이 봉건제 논의의 현실적 방안으로 자리 잡았다.**10** 그리고 명말청초 이후 다민족 제국의 시대로 진입하면서 예악과 제도는 엄격히 구분되기보다는 지대무변한 제국의 이념과 영토 위에서 다원적으로 혼합되는 방향으로 나아간다. 왕후이 역시 이러한 문제를 인지하고 있지만, 유학이 세속화된 사상이 아니라 예악과 연계된 내재신성성의 도덕정치학이라는 점을 부각하기 위해, 『홍기』에서 전체적으로 이 관점을 유지하고 있다. 그러나 예악과 제도의 분화라는 관점이 유학사의 시각으로 승인되기 위해선, 실제 역사 문제에 대한 충분한 고려 속에서 논의되어야 명분론의 틀 속에 갇히지 않을 수 있다.

명분과 역사

예악과 제도의 분화라는 관점에 유학 정통주의가 내재되어 있다는 점을 감안하더라도, 공자 이래 사회 전환기에 살았던 유학자들이 자신의 세상을 도가 사라지거나 예악이 붕괴된 위기의 시대라고 인식한 점에서는 공통점을 지닌다. 그들은 삼대의 도나 예악정신을 세상에 다시 구현하는 일을 자신의 사명으로 생각했지만, 삼대 자체는 피안의 유토피아처럼 현세에 실현 불가능한 세계라는 점도 인지하고 있었다. 삼대는 자신의 세상을 비춰주는 거울이 될 수 있을 뿐이며 구체적인 실천 방안은 자신의 현실 속에서 찾아야 했던 것이다. 급진적인 실천의 경우에도,

10 피터 볼, 김영민 옮김, 『역사 속의 성리학』, 예문서원, 2010, 230~233쪽.

장재의 정전제 부활이나 하심은의 종족공동체 이상향은 왕조 내부에서 진행된 실험이었고, 황종희의 봉건론은 사회적, 경제적 존재로서 백성의 주체성을 인정하고 지방의 일은 지방의 공론에 넘기라는 향치(鄕治, 중국식 지방자치)론이었으며, 양계초의 봉건론 역시 황종희의 이론을 이어받아 지방 공동생활과 상호 부조 등을 핵심으로 하는 향치론이었다. 유학을 '무조건적 현세 긍정과 현세 적응'의 철학으로 규정하는 것은 지나친 평가이지만, 유학의 현세 지향성은 체제밖에서 새로운 사회의 구상을 추구하지 않았다. 삼대의 거울을 통해현실의 문제를 비판하고(초월성) 체제 안에서 새로운 실천 방안을 모색하는(합법화) 것이, 유학 내재신성성의 지향점이라 할 것이다.

현세를 초월하면서 합법화하는 것이 유학의 길이며 이것이 유학보편주의를 가능케 하는 내적인 힘이라고 평가될 수 있다. 유학의이러한 실천 방식을 고려할 때 주목해야 할 점은, 예악과 제도의 분화와 같은 명분론적 관점보다는, 현세를 초월하면서 합법화하는 사유를 통해 자신의 현실에 비판적으로 개입하는 실천 방안이 무엇인지가 되어야 할 것이다. 가령 공자의 술이부작述而不作에 대해 왕후이는 주대의 예악을 엄격히 준수하여 도덕이 붕괴된 현실을 비판한다는 복고적 실천론의 해석을 따른다. 김상준의 시각에 의하면, 공자의 술이부작은 고대의 문화적 공동 재산을 체계적으로 편집하여걸러내는 일관된 윤리적 가치 기준이었다고 해석한다. 유교 텍스트속의 성스러운 임금은 고대 자료들 안에 포함된 전쟁 영웅으로서의폭력을 일관되고 체계적으로 걸러내는 작업으로 만들어진 것이며,

이를 통해 폭력에 대한 윤리적 혐오감이라는 전혀 새로운 감성을 중국 문명에 이념적으로 체계화한 것이 바로 공자의 유학이라는 것이다. 이는 술이부작이 고대를 엄격히 따르는 것이 아니라, 고대의 자료 가운데 평화적이거나 평화를 합법화할 수 있는 기록을 성왕의 역사로 일관되게 편집하여 전쟁과 폭력이 난무하는 공자의 현실 세계에 윤리적 각성을 일으키는 작업이었음을 뜻한다.[11] 술이부작을 통해 우리는 공자가 만들고자 한 중국 문명의 시원과 평화의 이념 그리고 그 실천 윤리로서 유학의 의미를 한층 의지적으로 이해할 수 있다.

이 점과 관련하여 더 논의해볼 부분이 『홍기』의 출발점인 주자학에 관한 문제다. 교토학파의 송대 근세론이나 『홍기』에서 말하는 천리적 세계관으로서 송대 유학은 좁은 의미의 송학, 즉 주자학을 지칭한다. 그런데 송대의 사회변혁과 상업경제혁명에 조응하는 시대 사상으로 주자학을 귀결시키는 것은 북송 시대의 실제 정황이나 주자학의 사상적 관심과 일치하지 않는다는 의문을 지울 수 없다. 먼저 이 점에 대한 미국의 당송 시대 지성사 연구자인 피터 볼Peter K. Bol의 설명을 들어보자.

11세기 중엽의 지식인들은 당나라 시절에 제국을 정당화했던 역사와 우주에 대한 사상을 차츰 해체하였다. 전기 제국(한나라와 당나라를 지칭: 역자 주)의 모델을 해체했다고 하여 그것이 바로 새로운 합의로 이어지는 것은 아니었다. 그 이후의

11 김상준, 「맹자의 땀 성왕의 피: 중층근대와 동아시아 유교문명」, 아카넷, 2013, 139~145쪽.

역사 전개를 알고 있는 오늘날의 우리는, 개인이 어떻게 역사와 우주에 연결되어 있는가, 라는 문제에 대하여 점차 새로운 믿음들이 등장하고 공유되었음을 알고 있다. 신유학은 분명히 그러한 새로운 믿음들의 형성에 공헌하였다. 그런데, 신유학자들만 새로운 해답을 제시한 것은 아니었다. (……) 북송대 마지막 50년 동안의 대부분을 어떤 한 그룹의 사들―신유학자들이 아니라 왕안석의 신법에 관계한 사람들―이 조정에서 권력을 장악하였다. 그리고 그들은 송나라의 성취 목표에 대한 자신들의 해답을 실제로 시행에 옮겼다. 그들이 수립한 새로운 사회적 경제적 정책들은 사회를 변혁시키고자 하였고, 그들이 새로이 만든 전국적인 학교 체제와 커리큘럼은 학에 대한 사들의 접근법을 변혁시키고자 하였다. 그러나 그로 인해 사들은 서로 다른 당파로 나뉘게 되었다. 각 당파는 각기 다른 이데올로기를 신봉하였다. 신유학은 신법에 대한 대안 중의 하나였다. 신유학의 궁극적인 성공은 결국 신법의 거부를 의미하는 것이었으며, 이후 중국 역사에 심오한 영향을 끼쳤다.[12]

피터 볼은 주자학을 신유학이라고 부르며, 당 제국의 우주 역사 관념을 해체하고 새로운 정체성을 지닌 나라를 건설하는 과정에서 주도적인 역할을 한 것은, 주자학 계열이 아니라 중앙집권적인 경세 사상과 신법을 추구한 왕안석 그룹이었다고 주장한다. 왕안석과 그 정적으로서 사마광, 그리고 주자학 계열의 사상가들은 거시적 차원의 당송변혁을 실

12 피터 볼, 김영민 옮김, 『역사 속의 성리학』, 예문서원, 2010, 82~83쪽.

천하는 공동의 목표와 사명감을 지니고 있었지만, 교토학파가 말하는 송대의 사회경제변혁을 이끌어가는 주체는 왕안석 그룹이었다는 것이다. 왕안석 그룹은 중앙집권적인 황제를 중심으로 송대의 거대한 사회, 경제, 문화적 변화에 대응하는 계획적인 정책을 수립하였다. 즉 토지 측량을 실시하여 모든 토지에 토지세를 부가하고, 청묘법을 시행하여 부유한 지주층으로부터 농민을 보호하고, 시역법을 시행하여 상업발전과 경제의 화폐화를 진전시키고, 보갑법을 시행하여 토지시장과 상업의 확대에 따른 향촌사회의 불안정을 해소하고, 중앙과 지방에 학교를 건립하여 인재를 양성하고, 과거시험제도를 개선하는 등의 방법으로, 송대의 사회변혁과 상업경제혁명에 조응하는 역할을 수행했던 것이다. 첫 번째 신유학자들(주돈이, 장재, 정호 정이 형제 및 그들의 추종자들)은 왕안석의 신법에 대한 보수적인 반대파의 일부였으며, 남송대에 이르러서야 신유학이 신법의 대안으로 등장하게 된다. 사실 주자도 왕안석처럼 황제를 중심으로 하는 중앙집권적 관료 체제 국가를 지향하고 사창법 등의 사회 정책을 시행했지만, 그보다는 지방의 사와 신흥지주들이 정부의 직접적인 관리를 대신하여 향촌공동체를 운영하는 주체로 설정하는 비전이 지지를 받으면서 비로소 신법의 대안 사상으로 부상하게 된다. 피터 볼은 이른바 제한적 정부와 지방자발주의로 특징지어지는 신유학 모델이 전기 제국과 구별되는 원명청 후기 제국의 국가 원리로 계승되면서, 신유학이 중앙과 지방의 사층들로부터 장기간 중심적인 지위를 인정받게 된다고 주장한다.

주자학이 송학의 대명사가 된 것은 남송대에 주자학이 정립되고 후대에 중심적인 지위를 유지하면서 형성된 일이기 때문에, 북송의 사회변혁에 조응한 사상은 바로 왕안석 등의 경세 사상이라고 해야 할 것이다. 왕후이 역시 송대 사회변혁과 주자학 사이의 간극을 인지하고 주자학을 송대 사회의 '초기 근대성' 요소에 대한 비판 이론이라고 이해하지만, 이는 '초기 근대성'에 조응한 왕안석 등의 경세 사상을 비판하고 그 대안으로 등장한 것이 주자학이라는 점을 간과하는 것이다. 그러나 대안이라고 한 말을 주자학이 왕안석의 경세 사상과 근본적으로 상이한 사상 체계라고 이해해서는 안 된다. 주희도 시대적 차원에서 왕안석 사상의 의의를 인정하기 때문이다. "내가 앞선 현인들의 논의를 들여다보고 오늘날의 사정으로 점검해본다면 왕안석의 청묘법은 그 입법의 취지가 진실로 나쁘지만은 않다. 그러나 지급을 화폐로 하고 현물(쌀)로 하지 않으며, 설치를 현 중심으로 하고 향 단위로 하지 않고, 목적을 기금의 가혹한 회수에 두지 않고 고통의 공감과 실질적인 구제에 두지 않았기 때문에, 청묘법을 일읍에 실행할 수 있었지만 온 세상에 실행할 수는 없었다."**13**

이러한 주희의 생각에 착안하여 미야지마 히로시는 후세 연구가들이 주희 이후에 정리된 주자학 사상 체계를 통해서 주희의 사상을 파악함으로써 주희 사상을 그가 살아간 현실과의 관련 속에서 파악하지 않았다고 비판한다. 그리고 기노시타 데쓰야는 사창 운영의 경험에 관한 분석과 그 경험이 주희 사상의 획기적 전환과 밀접하게 결

13 주희의 발언은 신정근, 『철학사의 전환』, 글항아리, 2012, 424~425쪽에서 재인용.

부되어 있으며, "그 경영 비전이 '천리유행'을 기본적인 사실로 보고 감응을 기초로 하여 세계와 사람의 마음을 변화의 장으로 파악하는 주희의 철학적 비전, 또 사욕에 빠지는 것을 타파할 의지를 계속하여 북돋아 일으킬 것을 주장한 주희의 윤리적 비전"을 배태하게 되었다고 주장한다.[14] 이러한 관점은 주자학의 계보를 이어나가면서, 송대 사상으로서 주희의 사상을 배태하게 된 현실적 계기 및 실천 동력을 조명하여, 주자학의 사상사적 의미를 명분과 역사의 맥락에서 종합적으로 고찰한 시각이다. 그러나 이러한 점을 수용한다 하더라도 송대 사회변혁 및 초기 근대성 문제를 주자학과 직접 연결시키는 것은 무리가 따르며, 이것은 도덕정치학이 아니라 사회사상사의 시각 속에서 근원적으로 재조명되어야 할 사안이라고 생각된다.

이러한 이유 때문에 『홍기』의 주자학 서술 부분에서 중국 근대 문제가 배태된 근원 혹은 초기 근대성과의 연계성을 발견하는 것은 쉽지 않다. 『홍기』의 출발점이 송대 사회와 초기 근대성 문제이기는 하지만, 이는 서구 근대성론 비판을 위해 끌어온 것이며, 왕후이의 주된 관심은 제국의 문제에 가 있는 것으로 보인다. 교토학파는 송대 중앙집권 체제를 준민족국가 체제로 인식하며 한당의 다민족 제국에서 민족국가로 전환하는 초기 근대성의 표지라고 이해했다. 이러한 관점에 대해 왕후이는 제국의 민족국가로의 전환이 근대적 진보의 방향이라면, 송대 이후 건설된 다민족 제국인 원대와 청대는 어떻게 평가해야 하는가, 라는 문제를 제기한다. 프랑스 역사학자 자크 제르네

14 미야지마 히로시, 『미야지마 히로시 나의 한국사 공부』, 너머북스, 2013, 328~331쪽.

Jacques Gernet가 지적하듯이, 중국을 황제사회 혹은 제국으로 규정하는 것은 방법론상의 착오다. 송명 시대의 군현제 국가 및 황권은 칸의 정통성과 황권을 종합한 청조 체제와는 문화 구성의 측면에서나 총체적인 제도의 측면에서 모두 중요한 차이점이 존재한다. 중국은 황권통일 체제의 연속적인 표상하에서 시종 국가 조직, 사회집단, 지역, 민족, 종교의 차이에서 나타난 변화가 존재했다. 이러한 복잡한 역사에 대한 이해가 없다면 '중국'이라는 부단히 변화하고 끊임없이 창조되는 역사적 함의를 설명할 길이 없다.[15] 이 점은 최근 논쟁이 되고 있는 중국의 국가적 정체성을 제국 개념으로 해석하려는 경향과 밀접히 연계되어 있다.

제국의 중국화

서구 근대성론의 제국 서사 속에서 중국은 비민주적이고 전제적인 정치 형식, 비도시적인 광활한 농업생산 지역, 다민족 문명공동체, 자기중심적이고 위계적인 조공 체계, 대륙 등의 이미지로 표상된다.[16] 이러한 제국 서사의 가설은 중국 문명이 얼마나 정치하고 아름다웠는지를 막론하고 내발적인 근대화(자본주의)의 동력이 결핍되어 근대로의 여정은 유럽 문명의 도전을 겪고 난 이후 가능하다는 역사 서술로 이어진다. 즉 유교주의적, 전제주의적, 종법제적, 농업적, 조공

15 汪暉, 「現代中國思想的興起」 上卷 第1部, 81~82쪽.
16 汪暉, 「現代中國思想的興起」 上卷 第1部, 2쪽.

중국 사상과 대안 근대성

체계적 사회로서의 전통 중국(특히 청대 사회)은 근대 자본주의 발전을 촉진할 정치문화, 사회기제, 생산양식과 외교/무역관계를 탄생시킬 수 없어서, 근대 중국은 유럽 자본주의, 제국주의, 식민주의의 충격에 대한 반응 과정 속에서 태동했다는 것이다.

이러한 시각을 대표하는 그룹이 중국의 마르크스주의 학파와 (70년대 자기반성 이전의) 미국의 페어뱅크의 도전-응전론이라고 할 수 있다. 교토학파의 송대 근세론은 중국 자발적인 근대화 동력과 발전 과정을 지닌 역사 세계로 재구성한다는 점에서 정체된 중국관에서 벗어나 있지만, 송대 이전의 한당 제국 및 송 이후의 왕조를 '초기 근대'의 민족국가 발전을 단절시킨 정체된 체제로 본다는 점에서는 서구 근대성론과 동질적이다. 물론 제국 서사에서도 명청 시기 자본주의 맹아론처럼 중국 사회 내부에 서구와 유사한 자본주의적 발전 요소가 존재했다는 점을 승인하지만, 그것이 왜 유럽식 자본주의를 태동시키지 못하고 요절하게 되었는지의 논점으로 귀결되고 만다. 즉 근대성 동력의 요절은 중국의 봉건적 제국 체제에서 비롯되는데, 정복 왕조인 몽원 제국은 송대 자본주의를 중단시켰고 만주인의 침입은 명말 자본주의 맹아와 도시를 중심으로 한 개인주의 문화를 훼손시켜, 청대 사회 내부가 각종 자본주의적 근대성의 맹아를 내재하고 있다 할지라도, 제국 체제는 근대성 생성을 억제하는 기제로 작용했다는 것이다.[17] 결국 근대 자본주의는 민족국가 체제하의 서구에서만 발생할 수 있으며 중국은 서구 문명의 모체와 접속되어야 비로소 근대성을 실

17 汪暉, 『現代中國思想的興起』上卷 第1部, 10쪽.

현할 수 있는 정체된 세계가 되는 셈이다.

왕후이는 이러한 제국 서사는 중국의 실제 역사에 대한 분석을 바탕으로 이루어진 것이 아닌 상상적 구성물에 불과하여, 중국의 역사적 변화를 '장기 지속'적이면서 내재적인 과정으로 해석하지 못하는 결함을 안고 있다고 인식한다. 그리고 이러한 편향을 극복하기 위한 역사가들의 여러 가지 관점 가운데 세 가지 시각에 주목한다. 첫째, 중국 왕조의 순환 모델과 생활방식의 진화를 결합하는 시각인데, 송대 이후 발아한 근대성 요소는 몽고·만주의 침입으로 인해 전복된 것이 아니며, 일상생활의 영역에서 이미 발생한 전환은 이민족의 침입과 상관없이 지속적으로 진화한다는 것이다. 둘째, 청대에 대한 총체적인 서술을 국부적이고 지방적인 역사 변천에 대한 서술로 전환시켜 이것을 왕조 해체와 중국 사회 전환의 내재 동력으로 간주하는 시각이다. 셋째, 민족주의와 민족국가 체제에 대한 반성을 바탕으로 제국 내부의 문화다원성을 재발견하려는 시각이다. 이러한 시각 속에서 청조는 더 이상 전제적이고 종족주의적인 왕조가 아니라 각종 제도, 법률, 문화와 종교 등에 포용적인 다원적 제국으로 표상된다. 즉 청대를 다원정체성, 다원권력중심, 법률다원주의, 다원적 제도 등을 지닌 제국일 뿐 아니라 종법적 신사사회의 지방자치와 봉건 가치를 존중하는 '지방사' 담론과 조응하는 세계로 인식한다는 것이다.

이 세 가지 시각은 제국-국가 이원론의 근대적 시간목적론을 비판하고 전근대 제국의 역사를 내재적으로 해석하려는 공통점을

중국 사상과 대안 근대성

지닌다. 왕후이는 그중 다원적 제국으로 전 근대 중국 왕조를 해석하는 시각에 주목하는데, 이는 민족국가 중심의 역사 서술을 비판하고 제국의 역사적 경험들, 즉 다민족이 공존하는 제국의 정치 구조와 문화적 정체성 및 제국이 근대국가로 전환하는 동력 등을 연구하고 있기 때문이다.[18] 이러한 다원적 제국의 시각은 70년대 이래 중국의 재발견 작업의 일환으로 진행된 미국의 '신청사新淸史' 연구와 밀접히 연계된 것이다. 이러한 시각 전환 속에서 청대를 전통과 근대로 구분하지 않고 하나의 제국 전체로 보는 관점이 우위를 점하게 되고, 명청의 구분을 뛰어넘는 이 새로운 시대를 '제국 후기', 교토학파와는 다른 맥락에서 '초기 근대', '초기 근대성'이라고 표현했다.[19] 초기 근대성 문제에 있어서 왕후이 역시 신청사의 관점을 따르는 것으로 보인다.

왕후이의 사유 속에서 청대의 제국 지배 방식은 민족국가 체제 및 제국주의에 기반한 식민 지배 방식을 비판하고 다원적이고 개방적인 국제관계를 구축하기 위한 전통 자원으로 해석되고 있다. 그리고 청대 역사에 대한 한족화 서술 경향을 비판하는 시각을 수용하여 청대를 포함한 정복 왕조의 중국 정체성 문제에 관한 주요 관점을 정립한다. 이것은 중국이 제국인지 국가인지, 한족인지 다민족인지에 관한 이원적 문제를 넘어, 역대 왕조가 자신의 중국 지배의 정당성을 확립하는 과정에서 만들어진 다양한 중국 정체성을 중시하는 관점이다.

왕후이는 이러한 시각을 바탕으로 한족을 포함한

18 왕후이, 송인재 옮김, 『아시아는 세계다』, 글항아리, 2010, 125쪽.
19 윌리엄 T. 로, 기세찬 옮김, 『하버드 중국사 청, 중국 최후의 제국』, 너머북스, 2014, 18~19쪽.

다민족이 제국을 만들어가는 '중국화'[20] 개념을 정립하고,『홍기』이후 '트랜스시스템사회跨體系社會'[21] 개념을 구성하여 중국화는 중국의 통일성 혹은 단일한 정치체가 아니라 종족, 종교, 언어 및 문명을 융합하는 것이라고 해석한다. 트랜스시스템사회는 유교문명권혹은 한자문화권과 같은 단일 문명의 범주와 다른 정치공동체로, 이질성과 동질성이 역동적 관계를 이루는 과정 속에서 중국과 그 정치문화를 이해하는 방식이라고 주장한다. 이러한 맥락에서 볼 때『홍기』의 유학보편주의는 제국의 도덕적 합법성을 정당화하려는 목적과 긴밀히 연계되어 있다.

보편 가치

왕후이는 서구 근대성론의 민족국가 비판을 통해 중국 다민족 왕조의 정체성을 제국 개념으로 이해하기 위한 학술적 기초를 정립하려했고, 이러한 의도는『홍기』안에서 그 목적을 달성한것으로 보인다. 민족국가론으로는 전통적인 아시아질서 및 중국 안에서의 다민족 사회들의 내적 관계의본질을 이해할 수 없다고 보기 때문인데, 이것은 중국의 정치 단위를 민족국가가 아니라 제국으로 간주하고 다민족 문제는 제국 내부 문제로 이해하려는 시각이다. 그리고 트랜스시스템사회는 제국의 사회 구

20 중국화에 대한 왕후이의 시각에 대해선 汪暉,「關于早期現代性與其他」,《中華讀書報》, 2011.1.19판참고.
21 트랜스시스템사회에 대해서는 왕후이, 송인재 옮김,『아시아는 세계다』, 제6장 '트랜스시스템사회와 방법으로서의 지역' 참고.

성 원리로, 제국 내부의 다양한 민족과 사회가 개방적이며 평등하게 구성되어 호혜적인 융합문명을 창조할 수 있다는 기대감이 내재된 개념이라 할 것이다. 왕후이의 제국과 트랜스시스템사회가 민족국가론의 대안 개념이 될 수 있는지 여부는, 제국의 '중국화' 추세가 제국 내부의 관계를 어떻게 조정해나가느냐에 달려 있다. 상이한 민족들이 한 국가의 지붕 아래 공존하는 것은 역사상 가능하였고 또 바람직한 경우도 많았다. 그러나 그러한 공존이 과거 역사적 관계에 대한 왜곡이나 현실적으로 강압과 폭력에 의해서 유지되는 경우에는 문제가 다르다. 역사적으로 문화적 민족적 정체성이 다른 내부 구성원들을 중국화라는 강제적 질서로 포섭한다는 것을 뜻하기 때문이다.**22**

『홍기』에서는 청 제국이 서구 중심의 국가 간 경쟁 체제에 편입되는 시기를, 중국이 열국 가운데 하나의 국가임을 자각하며, 다민족 제국에서 민족국가화된 제국으로 전환하는 과정이라고 서술한다. 즉 식민 지배의 위기에 직면하여 중국이 느슨한 제국 체제를 벗어나 민족국가와 같은 통일적인 유기체 국가로의 전환을 추구했다는 것이다. 이는 국가 간 생존경쟁이 극심한 국제관계에서 불가피한 선택일 수 있지만, 제국 내부의 여타 민족들이 자신의 정치적 의사와 상관없이 민족국가화된 제국의 성원으로 전락한 것이라는 사실도 부인할 수 없다. 『홍기』에서는 이 점에 대한 서술이 생략되어 있는데, 『홍기』의 관심이 제국 합법성 문제에 집중되어 그런 것이라 하더라도, 제국의 내부관

22 이삼성, 『제국』, 소화, 2014, 456쪽.

계를 총체적으로 조명할 때 빠질 수 없는 부분이다.『홍기』에서 청조의 제국 지배는 대일통과 예의 중국의 이념 속에서 합법화되었고, 청말 제국의 민족국가화는 세계 식민주의에 대한 저항이라는 목적으로 정당화되었다. 이 점과 연계하여 왕후이의 제국과 트랜스시스템사회에 내재한 '중국화'가 근대 이래의 민족국가화된 제국 추세의 연속선상에 있다면 이는 큰 문제라고 하지 않을 수 없다. 제국의 민족국가화가 세계 식민주의의 국제관계하에서 정당화되었다면, 탈식민 시대 이후 국가 간 연대와 평화가 강조되는 조건하에서는 새로운 국가 형태가 요청되기 때문이다. 이것은 무엇보다 왕후이 제국론의 자기모순이다. 민족국가론이 중국의 정체성에 부합하지 않는다고 비판하며 제국 개념을 수용한 것인데, 오히려 제국 내부에 민족국가화 경향이 강화되고 있다면 제국론의 존재 이유가 사라진다.

왕후이는 이러한 비판에 대해, "민족융합과 주권독립은 20세기 민족해방운동 전체의 보편적 목표이다", "단일국가 체제는 조공 조건 아래의 '제국성'과 완전히 다르다. 그 이론적 기초는 중화민족의 일률적인 평등과 종족·계급·종교적인 차별을 없애는 것이다", "중화민족 개념은 인민주권이라는 개념과 함께 탄생한 것"**23**이라고 반박한다. 제국의 민족국가화는 조공 시대의 제국지배가 아닌 인민주권을 기반으로 하여 중국 내부 구성원의 평등한 관계를 추구한다는 주장이다. 비판자들은 중국의 다민족 통일국가와 다원일체론이 소수민족에 대한 제국적 지배라고 보는 반면, 왕후이는 중화민족을 단위로 하는 평등한 정치공동체 건설로 이해하는 것이다. 문제는 중화

중국 사상과 대안 근대성

민족의 통합성과 인민주권의 관계를 어떻게 정립하느냐에 있다. 현상적으로 볼 때, 중국이 소수민족의 문화적 경제적 자유를 보장하고 있는 것을 고려하면, 민족 통합성은 영토의 독립과 정치적 자유를 제한하는 문제가 된다. 사실 다민족으로 구성된 제국의 정치 목표는 민족공동체가 아니라 정치공동체가 되어야 한다. 이질적인 민족을 중화민족으로 단일화하는 것이 아니라, 민족을 비롯한 각종 등급 관계의 차별을 넘어 자유롭고 평등한 사회건설이 '제국이라는 정치공동체'의 목표가 되어야 한다는 것이다. 제국의 현재가 이러한 공동의 목표를 실현하는 과정이라고 실감하게 된다면 내부 구성원들이 민족국가로 독립하려는 의지는 자연스레 줄어들 것이다. 결국 이 문제는 민족과 종족의 차이를 포용할 수 있는 다원화된 정치 체제를 어떻게 건설할 것인가의 문제로 나가게 된다. 이 점에 대해 20세기 초 대민족주의 국가를 구상하던 양계초의 말은 시사하는 바가 크다고 생각된다. "입헌제 아래서는 이민족도 똑같은 국민이며 자유경쟁으로 정치능력의 우열을 다투어 정치능력이 고도한 민족이 정치상의 세력을 차지하게 되는데, 사실 이 때가 되면 이는 국민 개인의 경쟁이지 민족 간 경쟁이라 하기 어렵다."**24**

  『홍기』가 대안 근대성의 발견을 목표로 함에도 불구하고, 그에 관한 암시나 시사를 받을 수 있는 중국 사상 자원이 무엇인지 제시하지 못한 점은 아쉬움을 남긴다. 이는 『홍기』의 서술이 서구 근대성론의 편견을 비판하고 중국의 내재적인 개념과 언어를 통해

23 왕후이, 송인재 옮김, 『아시아는 세계다』, 글항아리, 2011, 210~211쪽.
24 梁啓超, 「申論種族革命與政治革命之得失」 (1905), 『梁啓超全集』 3책, 1659쪽.

도덕정치학으로서의 의의를 설명하는 데 초점이 맞춰져 있기 때문이다. 가령, 민족통합과 인민주권이 합일된 제국 개념을 구상하고 그것으로 중국 정체성을 재구성하려고 한다면, 유교보편주의 속에서 왕조 합법성 이론뿐만 아니라 인민주권과 관련된 경세·민생 사상과 그 정책 및 민간의 자선 조직 등에 관한 서술을 병행해야 한다. 인민주권과 관련된 서술이 생략되어, 『홍기』는 예악과 제도의 분화 같은 명분론을 통해 유학의 자기전환과 도덕정치학적 측면을 설명하고, 대일통이나 예의 중국과 같은 이론으로 제국통치를 합법화하는 수준의 저작으로 보인다. 실제로 『홍기』에서 가장 정채롭게 서술된 부분이 청대 금문경학의 왕조 합법성에 관한 부분이다. 이 점은 유학보편주의를 구축하는 과정에서 유학 이외의 진보적 사상 자원들이 제외된 것과도 관련되어 있다. 이런 맥락에서 볼 때 『홍기』의 대안 근대성 모색은 미완이다. 『홍기』의 중국의 재발견 속에는 보편 가치로 향하는 통로보다 중국적 가치의 정당성에 대한 시선이 더 부각되어 있기 때문이다. 『홍기』가 중국 사상의 현세 비판성을 확인한 것은 대안 근대성 모색을 위한 정신 동력이 중국 전통에 내재한다는 점을 증명한 것이다. 그러나 유학의 문제의식이 근원적으로 내부로 향한다는 것은 다른 문명적 진보적 사유들과의 창의적 소통을 통해 보편 세계로의 관심을 확장해야 한다는 것을 뜻한다. 이러한 사실을 확인한 것이 『홍기』의 성과이며, 대안 근대성의 문제는 이러한 성과 위에서 지속적으로 고민해야 할 과제라고 생각된다.

　아울러 『홍기』의 유학보편주의 및 제국론에서 얻을 수 있는 교

　　　　　　　　　중국 사상과 대안 근대성

훈은 다음과 같다. 유학은 베버 식의 수동적인 현세 긍정철학이 아니라, 오히려 왕조 교체와 체제의 합법성을 정당화할 수 있는 풍부한 이론과 역사를 지닌 정치 사상이다. 유학은 현세 비판성과 합법화의 양면성을 지닌 사상으로서 항상 삼대를 기준으로 삼지만, 삼대는 현실 문제를 판단하는 거울로 작용할 뿐 구체적인 개혁 방안을 제시해주지 않는다. 그 방안은 삼대의 이념이 아니라 자신의 현실 속에서 현세 비판성 혹은 내재신성성의 윤리를 통해 실사구시적으로 찾아야 한다. 삼대의 이념과 자신의 현실 문제 사이에 숙명적으로 가로놓인 거대한 간격을 인지하고 적실한 실천 방안을 모색하는 것이 유학자의 실천적 사명이다. 현세 비판성이 약화된 채 합법화의 세계로 빠져드는 것은 유학에 내재한 유혹이며, 이는 유학 본연의 길에서 멀어지는 일이다. 현재 중국 지식계에서 좌우파를 막론하고 유학의 현대성 문제를 거론하고 있지만, 그것이 어떠한 이론으로 작동하는지 성찰하기 위해선 반드시 『홍기』의 교훈을 되새겨봐야 할 것이다.

맺는 글 『홍기』 이후 왕후이의 사상 실천의 길

이 책에는 『홍기』 4권의 해설이 빠져 있다. 이는 4권이 과학적 세계 관과 인문주의의 문제를 다루고 있어 『홍기』 전체의 시각과 다소 이 어지지 않고, 또 주제 연구도 미완의 상태라고 판단했기 때문이다. 본래 『홍기』가 처음 기획될 때 이 부분이 주 내용이었으나 그 후 수 정을 통해 유학보편주의와 제국 문제가 중심이 되었다. 이것은 왕후 이의 관심이 근대성 문제에서 대국굴기 이후 중국의 문제로 변화하 고 있는 점과 연계되어 있다. 그래서 『홍기』 4권의 미완된 부분과 아 울러 『홍기』의 유학보편주의와 제국의 문제가 현재 왕후이에게 어 떤 의미를 지니는지 살펴보기 위해선, 최근 왕후이의 사상 실천의 길을 분석하는 것이 관건이다. 특히 2010년에 쓴 「중국 굴기의 경험 과 그것이 직면한 도전」**25**(이하 「굴기」로 약칭)에서 왕후이는 미국 금융위기 및 대국굴기 이후의 중국 문제에 대한 자신의 생각을 집약하고 있기 때문에, 이 글을 살펴보면 『홍기』 이후 왕후이의 행보를 이해할 수 있다.

중국 굴기(崛起)

왕후이에게 90년대는 일반적인 시간대로서 1990년대를 지칭하는 것이 아니라, 개혁개방을 통해 중국이 세계 자본주의 체제에 편입된 이후 자본주의적 모순과 그 이데올로기 형식으로 신자유주의가 중국을 본격적으로 지배하고 그 영향력이 지속되는 시간을 총칭하는 개념이다. 역사적으로 볼 때 90년대는 1989년에서 1991년 사이, 즉 1989년 천안문사건 및 그 이후 시장경제로의 전환이 공고해진 과정에서 탄생해 지금에 이르기까지 발전해온 체제로서의 시간이라고 할 수 있다.[26] 21세기에 이르러서도 왕후이가 90년대를 주목하는 것은 90년대가 바로 중국의 현 사회 체제의 모순을 배태한 근원지로서, 자신이 비판 이론을 통해 그 본질을 탐문하고 극복 방향을 모색해야 할 대상으로 인식하기 때문이다.

왕후이의 이러한 90년대 이해 방식은 80년대에

25 「中國崛起的經驗及其面臨的挑戰」은 《文化縱橫》 2010년 2기에 발표되었으며, 한국에는 《황해문화》 2011년 여름호에 「중국 굴기의 경험과 도전」(최정섭 옮김)이란 제목으로 번역되어 있다.

26 왕후이는 『去政治化的政治: 短20世紀的終結與90年代』(三聯書店, 2008) 「序言」에서 90년대를 시장경제 체제가 공고해진 때로 규정하며, 이 90년대는 혁명의 세기인 "단기 20세기"에서 이탈하고 오히려 "장기 19세기"의 자본주의 특성과 친연성을 지니고 있다고 서술한다. 왕후이의 이러한 시간 구분을 통해 혁명의 세기인 "단기 20세기"가 "장기 19세기"의 자본주의를 극복하기 위한 타자로서 탄생한 것이지만, 90년대는 이러한 "단기 20세기"의 역사적 의미를 부정하고 자본주의의 역사가 다시 시작되는 과정으로 이해하고 있다. 이러한 맥락에서 왕후이는 90년대를 역사의 종언이라고 명명한 후쿠야마와 달리 "역사의 새로운 시작(歷史的重新開始)"이라고 부른다.

대한 해석과 긴밀히 연계되어 있다. 왕후이는 80년대를 "사회주의 자기개혁의 방식으로 전개된 혁명 세기의 미성尾聲"으로서, 중국 사회주의의 실천적 특징인 '반현대성의 현대성'의 노선에서 벗어나 개혁의 방향을 자본주의적 발전주의의 길로 전환한 시대라고 인식한다. 그리고 80년대를 지배한 신계몽주의는 서구 근대적 발전 패러다임에 따라 중국 사회를 개혁하려 했지만 결국 중국 정부의 경제 건설 우선주의, 즉 현대화 이데올로기에 포섭되어 사회 비판 능력을 상실한 채 90년대의 신자유주의 이데올로기로 분화되어 나간다고 비판한다.[27] 왕후이의 입장에서 볼 때 80년대 신계몽주의가 이러한 운명을 맞이한 것은 개혁개방 이전의 중국 사회주의를 부정해야 할 봉건주의로 규정하고 서구 자본주의적 현대성의 길을 추구한 편향성에서 기인하기 때문에, 90년대 비판 이론은 전 지구적 자본주의의 맥락 속에서 중국 사회주의의 유산과 경험을 활용하여 '반현대성의 현대성'의 실천 방식을 모색해야 하는 시대적 사명을 지닌 셈이다.

이러한 맥락 속에서 왕후이는 90년대를 전 지구적 자본주의와 신자유주의가 사회 전반의 지배논리로 고착되어 현대성의 위기가 심화되는 과정으로 이해하며, 비판 이론을 통해 국내외 자본이 어떻게 불평등한 생산 방식을 강요하고, 중국 공산당과 정부가 어떻게 특정 계급의 경제적 이익을 옹호하고, 신자유주의 지식인이 어떻게 이러한 모순을 은폐하고 정당화하는가 등의 문제와 이로 인해 사회 정의와 평등이 주

27 80, 90년대의 중국 사상 동향에 관한 왕후이의 이러한 시각에 대해서는 「오늘날 중국의 사상 동향과 현대성 문제」(김택규 옮김, 「죽은 불 다시 살아나」, 삼인, 2005)과 「1989년 사회운동과 중국 '신자유주의'의 기원」(이욱연 외 옮김, 「새로운 아시아를 상상한다」, 창비, 2003) 참고.

중국 사상과 대안 근대성

변화되는 현상을 분석하는 데 초점을 맞춘다. 90년대에 대한 이러한 이해 방식 때문에 당대 중국 사회를 주도하는 요소들 가운데 전 지구적 자본주의는 중국 사회의 활력보다는 불평등과 빈부격차를 심화시키는 경제시스템으로, 공산당과 정부는 시장개혁의 범위와 속도를 조절하는 역할보다는 특정 계급의 이익을 보호하는 정치적 후원자로, 신자유주의 지식인은 중국 사회의 다원화를 모색하는 신분보다는 자본과 권력을 합리화하는 기득권 세력으로 묘사하는 등, 왕후이는 당대 중국 사회의 권력 세계와 불편한 관계를 지닐 수밖에 없다. 그래서 왕후이의 비판 이론 속에는 90년대를 개혁할 수 있는 동인을 현실 중국 사회 내부에서 발견하는 사례가 많지 않으며, 오히려 개혁개방 이전 중국 사회주의의 경험과 교훈을 통해 그 가능성을 암시하는 방식을 취하고 있다.

그런데 「굴기」에서는 90년대에 대한 기존의 이해 방식과 상이해 보이는 평가와 아울러 2008년 이후를 '90년대의 종언'이라고 명명하는 모종의 시각 변화를 드러낸다.

> 1990년대는 끝났고, 2008년은 하나의 상징이다. 이러한 포스트 1989년의 과정은 이미 몇 년 전에 끝나가는 흔적이 있었지만, 사건의 영향은 길게 이어지는 부분이 있었다. 그러나 2008년이 되자 이 과정은 비로소 끝날 수 있었는데, 그 상징은 전 지구적 범위에서 신자유주의 경제노선이 중대 위기를 맞이했고 중국에서 이 과정은 곧 일련의 사건으로부터 줄줄이 이어져 일어났다는 점이다.

(……) 서구 사회에서 중국의 굴기에 대해 이미 한동안의 토론이 있었지만, 위기 속에서 우리는 갑자기 중국이 대면해야 할 하나의 경제체인 미국에게만 뒤질 뿐이며, 사람들의 예상 속도를 뛰어넘어 그에 상응하는 자신감을 표현하고 있다는 것을 의식하게 되었다. 이 변화는 드라마틱하며 우연의 요소가 있기는 하지만 결코 우연이 아니다. 문제는 다음과 같을 가능성이 매우 높다. 중국 사회는 국제 사회에서 자신의 이런 새로운 신분에 대해 아직까지는 그다지 부합하지 못하며, 중국 사회가 시장화 과정 속에서 누적된 모순과 전 지구화 과정 속에서 직면한 리스크 역시 마찬가지로 공전의 것이다. 하나의 명제로서 이른바 "1990년대의 종언"이 갖는 진정한 의미는 새로운 정치, 새로운 길과 새로운 방향의 탐색과 맞물려 있다.**28**

「굴기」는 2008년 금융위기 이후 중국 굴기의 성공 요인이 세계적 관심사로 급부상하는 과정에서 왕후이가 이에 대한 자신의 의견을 표출한 글이다. 여기서 왕후이는 개혁개방 과정에서 중국 붕괴론의 예언이나 소련·동유럽 사회주의 국가들의 몰락과 달리 경제대국으로 성장한 동인을 신중국 건립 이후 사회주의 시기와 개혁개방 시기 60년 동안의 경험을 총결하여 독립적 주권, 국가의 역할, 이론 논쟁을 통한 자기조정 능력, 초기 혁명 과정을 통해 형성된 주체성, 개혁개방 이전 사회주의 시기에 축적된 사회 자원 등의 요인을 제시한다.

28 왕후이, 최정섭 옮김, 「중국 굴기의 경험과 도전」, 《황해문화》 2010년 여름호, 73~74쪽.

중국 사상과 대안 근대성

왕후이의 견해 가운데 가장 논란이 된 부분은 중국 굴기의 성공 요인으로 개혁개방 이전 사회주의 시기의 경험과 국가의 능동적 역할을 꼽고 있는 점이다. "사회주의 국가는 인민의 보편적 이익을 대변한다"라는 마오의 국가론이 선행했기 때문에 국가 주도 개혁이 가능했다는 사례처럼 왕후이의 관점은 사회주의 시기에 대한 역사적 평가와 맞물려 있어서 정치적 입장에 따라 당연히 논란이 생길 수밖에 없다. 하지만 사회주의 경험과 유산을 강조한 것은 왕후이가 '반현대성의 현대성'의 실천 방식을 모색하는 과정에서 친숙하게 요청해온 사항이며, 국가의 역할을 강조한 점 역시 자본주의 시장은 자생적으로 발전하는 것이 아니라 국가에 의해 만들어진 것이라는 칼 폴라니의 이론을 통해 왕후이가 시장에 대한 국가의 정당한 개입을 주장한 점 등을 상기한다면, 「굴기」의 주요 논리 자체가 새로운 것이라고 보기는 힘들다.

먼저 사회주의 시기의 경험과 유산이 굴기의 성공 요인이라는 점에 대해 살펴보자. 「굴기」에서 왕후이는 개혁개방 시기에 안정적인 경제성장을 이룩한 몇 가지 요인들을 제기하며 그것이 사회주의 시기의 경험과 유산을 통해 생성된 것이라고 설명한다. 이를테면 중국 경제성장의 밑바탕이 된 양질의 저임 노동력은 사회주의 시기 토지혁명과 토지개혁의 결과로 주체적인 농민 계급이 양성되어 이들이 저임 노동력으로 전환되었기 때문이며, 또 시장개혁이 러시아처럼 급진적이지 않고 안정적으로 진행된 것은 사회주의 시기에 상이한 집단들 사이의 상호 협조와 제어의 전통, 사상 논쟁, 사회 정책 등을 통해 이익의 갈등을 조정할 수 있는 사회 자원이 축적되었기 때문이라는 것이다. 왕후이가 제기한 성공 요인들은 직간접적으로 모두 사회주의 시기의 경험과 연계성을 지니고 있다. 이것은 왕후이가 90년대 비판 이론은 사회주의 시기의 유산과 경험을 활용하여 전 지구적 자본주의 맥락에서의 '반현대성의 현대성'의 길을 모색해야 한다고 인식하는 점과 상통하는 것으로 보인다.

반현대성의 현대성

왕후이의 이러한 논리를 이해하기 위해선 그의 사유를 추동하는 '반현대성의 현대성'의 개념은 무엇이고 또 사회주의 경험이 중국 굴기의 자원으로 계승된 것인지 검토해볼 필요가 있다. 이에 관한 왕후이의 설명을 들어보자.

> 중국적 맥락에서의 현대화 개념과 현대화 이론에서의 그것은 다소 차이가 있다. 이는 중국의 현대화 개념이 사회주의 이데올로기를 지향하기 때문이다. 마오쩌둥 같은 마르크스주의자는 역사의 진보를 믿고, 중국 사회가 현대화의 목표를 향해 나가도록 혁명 혹은 대약진의 방식으로 이를 촉구하였다. 그가 실행한 사회주의 소유제는 한편으로 부강한 현대 민족국가 건립을 목표로 하였지만, 다른 한편으로는 노동자와 농민, 도시와 농촌, 정신노동과

육체노동이라는 '3대 차별'을 일소하고, 특히 '인민공사'를 설립해서 농업 중심의 국가에서 사회적 동원이 원활하게 이루어지도록 하였고, 나아가 국가의 주요 목표를 위해 사회 전체를 재조직하였다. (……) 마오쩌둥의 사회주의는 현대화 이데올로기이면서 동시에 유럽과 미국의 자본주의적 현대화에 대한 비판이었다. 그러나 그 비판이 현대화 자체에 대한 비판은 아니었다. 혁명 이데올로기와 민족주의적 입장을 바탕으로 한, 현대화된 자본주의 형식이나 단계에 대한 비판이었다. 따라서 가치관과 역사관의 측면에서 마오쩌둥의 사회주의 사상은 자본주의적 현대성에 반대하는 현대성 이론이었다.[29]

'반현대성의 현대성'은 왕후이가 중국 사회주의를 세계사적인 자본주의 비판운동의 차원으로 해석하는 과정에서 도출된 개념이다. 즉 왕후이는 마오의 사회주의가 부강한 현대 민족국가 건립을 목표로 하며, 이를 자본주의적 형식이나 단계가 아닌 사회주의 소유제를 통해 달성해나가려 한 것이라고 인식한다. 왕후이는 이러한 마오의 사회주의를 '자본주의적 현대성에 반대하는 현대성'이라고 명명하는데, 여기에는 부강한 현대 민족국가 건립이라는 현대성의 목표를 자본주의에 반대하는 방식인 사회주의 소유제를 통해 이루어나가려 한 운동이라는 뜻을 함축하고 있다. 마오의 사회주의가 부강한 현대 민족국가 건립을 목표로 했다는 점은, 신중국 초기의 경제회복 정

29 왕후이, 김택규 옮김, 「오늘날 중국의 사상 동향과 현대성 문제」, 「죽은 불 다시 살아나」, 삼인, 2005, 91~92쪽.

책, 제1차 5개년계획의 중공업 육성 정책, 그리고 합작화, 대약진 및 인민공사 운동이 인민 동원과 자력갱생을 통해 궁극적으로 사회적 생산력을 향상시키려는 의도에서 출발했다는 사실을 고려한다면 의문의 여지가 없을 것이다. 하지만 중국 사회주의의 현대성을 실현하는 방식이 '유럽과 미국의 자본주의적 현대화에 대한 비판', 즉 노동자와 농민, 도시와 농촌, 정신노동과 육체노동의 '3대 차별'을 일소하는 '자본주의적 현대성에 반대하는' 방식으로 수행된 것이었는지에 대해서는 논의해볼 필요가 있다.

첫째, 신중국 초기 마오는 제국주의와 국내의 적대세력에 대해 경계하고 자본주의적 발전노선에 대해 반대를 표하면서도, 경제회복을 위해 도시에서 사적 소유권 및 자본주의적 생산 방식을 인정하고 농촌에서는 토지개혁을 통해 농민 개체 소유제를 정착시켜나가는 방식을 통해 상당한 경제성장의 효과를 거두었다. 이것은 정치적 수사 차원에서의 사회주의 이데올로기와 실제 사회주의 건설 과정에서의 효율적 방법 사이의 거리가 드러나는 대목인데, 이러한 상호모순적인 과정을 '자본주의적 현대성에 반대하는' 방식이라고 순수하게 규정하기는 힘들어 보인다.

둘째, 1953년에 시작된 제1차 5개년계획 과정에서는 도시 중심의 공업화를 실현하기 위해 사영기업을 점차 국유화하는 동시에 전문 관료와 기술 엘리트를 주축으로 생산성 향상을 추진하는데, 이러한 과정에서 오히려 '3대 차별'이 심각하게 표출되었다. 이것은 과도기 총노선 내부에서 발생한 위기적 현상으로, 향후 마오가 농업 합

작화 운동을 통해 소유제의 사회주의적 개조를 급진적으로 진행시키는 계기로 작용했다.[30]

셋째, 소유제의 사회주의적 개조가 완료된 이후 농촌의 인민공사와 도시 단위에서는 인민의 공동 생산 방식이 정착되지만 분배 과정에서는 공정한 기준이 마련되지 않아 갈등이 생기거나 집단 내부에 새로운 권력관계가 형성되어 불평등한 분배가 존속되었다. 특히 종신고용과 평생복지의 혜택은 도시의 국영 단위 노동자에게만 제공되어 보편적 복지사회로 나아가지 못함에 따라 소외된 인민들이 풍요로운 미래에 대한 사회주의의 약속에 실망감을 느꼈다.[31]

넷째, 사회주의의 의미를 주로 소유제의 사회주의적 개조, 즉 생산 자원의 국가적 통제 문제로 인식하고 있어서, 생산 과정을 사회주의적으로 재편하여 생산자가 자신의 노동생산품과 노동조건을 통제한다는 의미의 마르크스적 사회주의는 탈각되어버렸다. 이로 인해 중국 사회주의는 실제 생산 과정에서 국가자본주의 혹은 관료자본주의적 방식으로 작동되어 인민을 동원하고 통제하는 정치적 기능을 수행하게 되었다.[32]

다섯째, 사적 소유제에서 공유제로 전환한 중국 인민들은 소속된 집단이 제공하는 복지 혜택을 누렸

30 첫 번째와 두 번째의 논점에 대해서는 모리스 마이스너, 김수영 옮김, 『마오의 중국과 그 이후』, 1, 이산, 2004, 2부 '새로운 질서', 1949~1955년 참고.

31 이 점에 대해서는 백승욱, 『중국의 노동자와 노동 정책: '단위체제'의 해체』, 문학과지성사, 2001, 34~39쪽과 장영지, 「중국 단위제도와 변화 분석 연구」, 서울대학교 박사논문, 2009, 제3장 '중국 단위제도의 형성과 기능 그리고 영향' 참고.

32 80년대 신계몽주의자들이 중국 사회주의를 봉건주의라고 비판하는 것과 달리, 정통 마르크스주의를 기반으로 한 이론가들은 이 시기를 사회주의적 발전 방식이 아니라 국가자본주의 혹은 관료자본주의적 발전 방식이 지배한 개발동원 체제의 시대라고 비판한다. 이 점에 대해서는 김용욱 「'중국 모델'을 둘러싼 최근 좌파들의 논의」,(《마르크스21》 2010년 여름) 참고.

지만, 공유제 내부의 자원 배분의 권력에 따른 차등적·이기적 관계가 존속되어, "각자의 자유로운 발전이 모두의 자유로운 발전의 전제조건이 되는 연합체"(마르크스)를 형성하지는 못하였다. 그리고 인민들이 대체로 소속 집단에 의존하는 자족적인 삶을 향유함에 따라 개개인이 자유의지에 따라 자신의 삶을 창조해나가는 주체적 인간의 배양 가능성이 축소되었다.[33]

이러한 문제점들을 생각해본다면 마오의 사회주의가 '자본주의적 현대성에 반대하는' 방식으로, 더 정확하게 말하면 자본주의가 조성한 해악과 모순을 일소하는 방식으로 실현되었던 것이라고 평가하기는 힘들어 보인다. 중국 사회주의가 지닌 이러한 현상들은 사회주의적 개혁에도 불구하고 잔존해 있는 자본주의적 모순들이라기보다는, 사회주의적 현대화를 추진하는 과정에서 발생한 새롭지만 낯익은 문제이기 때문이다.[34] 가령, 신중국 건립 이후 지속된 도시 공업화 정책 및 단위 노동자의 사회복지 덕분에 중국은 1952~1977년 사이의 '공업' 생산이 연평균 11.3%씩 증가했는데, 이는 근대 세계 역사에서 비슷한 시기의 다른 어떤 나라에서 이룩한 것보다도 훨씬 빠른 공업화 속도였다. 마오 시대 전체를 보면, 중국의 물질 순생산에서 '공업'이 차지하는 비중이 23%에서 50%

33 단위 내부에서 구성원 사이의 권력관계가 어떻게 작동하고 이러한 과정에서 구성원들이 어떻게 권력적이면서도 자족적인 모습으로 변모하는지를 이해하려면 류전윈의 소설 「직장[單位]」(김영철 옮김, 『중국 현대 신사실주의 대표작가 소설선』, 책이있는마을, 2001)을 참고.

34 왕후이는 문혁 시기 인민대중이 관료화된 당과 국가에 저항하기 위해 정치에 직접 참여한 것은, 당시의 현실이 사회주의 건설 시기에 기대했던 '3대 차별'이 해소된 인민민주 사회와 거리가 멀어졌다는 불만에서 비롯된 일이라고 주장한다. 이는 문혁이 중국의 사회주의 성장 방식이 비자본주의적 인민민주 사회로 발전하려는 본래의 기획에서 벗어나, 당과 국가가 주도하는 개발동원 체제가 형성되어 그 모순이 심화되는 과정에서 발생한 사건임을 의미한다. 그러나 이 점이 문혁의 주도자로서 마오의 사회주의 기획 자체가 탈국가적이면서 개발동원 체제와 다른 성격의 발전 방식이었다는 점을 설명하는 것은 아니다. 마오 역시 "인민의 보편적 이익을 대표하는" 당과 국가의 역할 및 인민의 자력갱신에 기반한 사회 조직(인민공사, 단위)의 동원을 통해 발전하려는 기획을 추구했던 것이다.

로 증가했으며 농업의 비중은 58%에서 34%로 감소했다.[35] 이러한 통계는 마오의 농민사회주의와 인민민주주의 독재에도 불구하고, 중국 사회주의의 방향이 인민의 평등화보다는 도시의 공업화쪽으로 흘러갔다는 점을 역설하고 있다. 마오는 사회주의를 통해 노동자와 농민, 도시와 농촌, 정신노동과 육체노동이라는 '3대 차별'을 해소하여 서구 자본주의 사회와는 다른 평등하고 풍요로운 사회를 건설하려고 의도했으나, 그에 반하는 정치적 관료화와 계급격차 그리고 지역차별의 결과를 낳고 말았던 것이다. 그리고 인민공화국의 주체로서 인민을 배양하려는 목표 역시 급진적 집단화 과정으로 인해 공공정신을 지닌 사회적 인간보다는 집단의 보호 속에 자족하는 인간을 양산하는 결과를 초래하였다. 이런 맥락에서 볼 때 중국의 사회주의는 자본주의 형식이나 단계를 비판하고 초극한 가치로서의 사회주의 개념보다는, 생산수단을 국가가 통제함으로써 부강한 민족국가 건설을 추구한 특수한 발전 방식의 하나로 볼 수 있다.

개혁개방을 통해 덩샤오핑이 모색한 것은 바로 마오의 사회주의에 내재한 이러한 위기를 비판하고, 새로운 세계사적 지평 위에서 소유제의 다변화와 대외 개방을 통해 자기혁신을 추진하기 위한 발전 방식이었다. 덩샤오핑의 발전 방식은 마오와 달랐지만 사회주의의 목적은 마오와 마찬가지로 부강한 민족국가 건설이었다.[36] 다만 덩샤오핑이 마오보다 유리했던 점은 중국 사회주의가 직면한 새로운 세계사적 지평이 신중국 건립 당시의 냉전적 제국주의 체제가 아니라 신자유주의가 주

35 모리스 마이스너, 김수영 옮김, 『마오의 중국과 그 이후』 1, 이산, 2004, 583쪽.

도하는 세계 자본주의 체제로 변해 있었다는 사실이다. 거대한 세계 시장의 출현 가능성을 기대하며 우호적으로 다가온 신자유주의의 훈풍 속에서 중국 사회주의는 세계 자본주의의 바다로 항해하기 위한 출발점에 설 수 있었던 것이다.

「굴기」에서 왕후이는 중국 경제성장의 성공 요인으로 사회주의 시기의 경험과 유산을 강조하지만, 실제 현실에서는 덩샤오핑의 탈사회주의적 발전 방식이 이것들을 성장의 기제로 전환시킨 맥락이 더욱 중요하다. 가령, 토지혁명을 통해 양성된 주체적 농민이 양질의 저임 노동력으로 전환된 것은 사회주의 기획이 의도한 결과가 아니라 사회주의화 과정의 실패로 인해 빚어진 의도하지 않은 결과이다. 여기서 중요한 점은 실패한 경험과 그 산물들 자체라기보다는 그것들에게 역동적 활력을 불어넣은 새로운 조건의 문제가 된다는 것이다. 즉 어떠한 경험이 상이한 역사 시기의 실천 과정에서 유산이나 교훈으로 활용되기 위해선, 기획 의도나 동기 자체에 대한 강조보다는 그것이 실천 과정에서 나타난 양상들에 대한 성찰을 통해 새로운 조건하에서 비판적 활용 가능성이 있는지 우선적으로 검토해야 한다. 이런 맥락에서 볼 때 왕후이의 반현대성의 현대성이나 사회주의 경험을 강조하는 논리 속에는 사회주의 기획과 사회주의화 과정 사이의 간극, 다시 말하면 사회주의를

36 덩샤오핑의 개혁 방향은 마오의 인민민주주의적 방식과 달리, 문화혁명으로 인해 붕괴된 공산당의 조직 규범을 재정립하고 관료통치를 합리화하는 방식을 통해 정치 체제를 안정화시키고, 경제적으로 국민경제의 발전을 우선시하는 경쟁적 생산, 소유제의 다변화, 대외 개방의 방식을 채택한 것이다. 덩샤오핑의 개혁개방 역시 근본적으로 부강한 민족국가 건설에 있었지만, 이러한 발전 방식은 정치상에서 사회주의 민주에 관한 이념과 정책이 결핍되어 있고 경제상으로 사회적 불평등과 빈부격차가 용인되는 내적 위기가 잠재되어 있었다. 이러한 위기는 향후 왕후이가 90년대 체제의 모순이라고 비판한 문제들을 파생시키는 근본 원인으로 작용하게 된다. 이 점에 대해서는 모리스 마이스너, 앞의 책, 23장 「시장 개혁과 자본주의 발전」 참고.

중국 사상과 대안 근대성

위한 기획과 그 기획을 실제 현실에서 실천하는 사회주의화 과정 사이에서 나타난 간극을 어떻게 처리해야 하는지의 문제가 곤혹스럽게 남아 있다. 이러한 점에 대한 성찰 없이 기획의 본질적 의미에 방점을 두는 담론은 신념윤리의 정치에 그칠 가능성도 있다.

국가의 역할

다음으로 국가의 역할이 중국 굴기의 성공 요인이라는 점에 대해 살펴보자. 사실 이 문제는 중국 모델론 주창자들의 공통된 견해이므로 그 자체로는 커다란 논란이 되지는 않는다. 오히려 왕후이에게 질의해야 할 점은 굴기의 성공 요인으로 국가의 역할을 긍정하는 것이 90년대 체제의 형성 과정에서 국가가 수행한 부정적 역할을 비판하던 기존의 시각과 어떻게 연관되는지의 문제이다. 즉 개혁개방 과정에서 인민의 보편적 이익을 대변하기보다는 특정한 시장권력의 이익을 옹호하며 현대성의 위기를 심화시킨 국가가 어떠한 과정을 통해 중국의 성장을 담지한 개혁 주체로 전환되고 2008년 금융위기를 계기로 '90년대의 종언'을 가능케 한 것인지의 문제를 해명해야 한다는 것이다. 왕후이의 이론 체계 내에서 국가의 역할에 대한 재평가는 자신의 개혁개방 서사를 성찰하게 하는 중요한 문제가 되기 때문이다.

　「굴기」 이전에 왕후이는 개혁개방의 서사를 전 지구적 자본주의, 국가 그리고 시장권력이 공모·결탁하여 중국에 신자유주의 체제를 확립하는 과정으로 인식한다. 다시 말하면 전 지구적 자본주의가 개혁개방을 통해 중국으로 세력을 확장하고, 국가는 그 체제에 편입·적응하는 과정에서 시장세력과 결탁하여 개혁을 주도하고, 그 결과 90년대 체제가 확립되어 자본주의적 모순이 심화되어간다는 분석이다. 이러한 서사 속에서 국가는 전 지구적 자본주의와 협력하여 시장권력을 보호하는 역할을 수행하게 된다.

그런데 「굴기」에서는 국가가 전 지구적 관계 속에서 경제를 조절하고 대내적으로 공공토론과 정책을 통해 여러 이익집단들의 영향력을 억제하고 조정하는 역할을 수행하는 주체로 서술된다. 국가의 이러한 역할을 인정한다면 기존의 개혁개방의 서사는 수정되어야 할 것으로 보인다. 특히 전 지구적 자본주의와 국가의 관계의 경우, 편입·적응 혹은 공모·결탁의 방식으로 이해하기보다는 개방의 폭과 속도를 조절하는 국가의 능동적 역할에 더 주목할 필요가 있을 것이다.

개혁개방 초기 중국 정부는 외국 기업을 유치하기 위하여 각종 세제 및 금융 혜택을 제공하면서도, 중앙정부 발전개혁위원회의 엄격한 심사를 통해 외국 기업의 투자규모와 기술이전 정도에 따라 사업 활동의 범위를 규제했다. 또 사업 영역에 따라 외국 기업 단독의 사업을 제한하고 중국 기업과의 합자를 통해 사업을 하도록 규정함으로써, 중국 기업이 외국 기업의 기술과 경영기법 등 선진적인 요인을 가까이서 배울 수 있게 만들었다. 아시아 국가들이 금융위기로

IMF 관리를 받는 동안에도 중국은 별다른 경제위기 없이 고성장을 지속했으며 오히려 관련 국가들이 경제적 안정을 찾을 수 있도록 국제적 영향력을 행사했다. 이것은 중국이 개방 과정에서 투기자본을 철저히 차단하고 산업자본을 선별적으로 유치하여 중국의 성장 동력으로 통합할 수 있었기 때문이다. 이러한 사례들은 세계경제에 중국이 단계적으로 진입할 수 있도록 개방의 분야와 속도를 조절한 국가 전략이 있었기에 가능한 일이다.**37**

이런 맥락에서 볼 때 국가적 차원에서의 개혁개방의 서사는 중국이 생산력 발전을 위해 전 지구적 자본주의를 수용하면서 국내 경제의 보호를 위해 신자유주의적 노선에 저항하는 이중의 과정으로 이해할 수 있을 것이다. 이것은 경제대국으로 성장하는 데 있어 국가가 안정적 경제 환경을 조성한 측면에 대한 설명은 될 수 있다. 하지만 '90년대의 종언'을 이야기할 수 있는 근거도 되는 것인가? 다시 말하면, 전 지구적 자본주의를 수용하는 과정에서 형성된 90년대 체제와 그것이 배태한 사회적 불평등 및 빈부격차 등의 문제가 심각하게 현존하는 상황에서 '90년대의 종언'이 어떻게 가능하겠는가?

가령 왕후이는 전 지구적 자본주의하에서 자본에 종속되지 않고 국가가 자본을 사회적·민주적으로 통제하는 능력을 자주성이라고 지칭한다. 그런데 중국의 발전 방향이 전 지구적 자본주의 내부에서 성공적인 정착을 목표로 하고 있다면, 이것을 자주성이라는 개념으로 설명할 수 있는지에 대해서는 의문이다. 국가가 개혁개방의 폭과 속도를 조절하

37 이종민, 「글로벌 차이나」, 산지니, 2008, 49쪽.

여 효율적인 시장경제를 이룩한 능력은 인정되지만 개혁개방 과정에서 자본주의적 모순이 심각하게 수반된 상태에서, 이를 자주성 실현의 과정이라고 부르기에는 미심쩍은 구석이 있다. 즉 국가의 자본 통제가 세계화의 적응 면에서는 우수하게 발휘되고 있으나 세계화의 함정인 사회적 불평등과 양극화를 통제하지 못한 상황이라면, 자주성보다는 세계화의 적응과 종속의 이중운동이 작동하고 있는 상태라고 봐야 한다는 것이다. 이는 국가가 자본의 효율적 관리 능력은 탁월하게 발휘하지만 경제성과의 공정한 분배 능력이 취약하다는 점과 연계되어 있으며, 이 두 가지 능력을 동시에 발휘할 수 있을 때 비로소 자본에 대한 사회적·민주적 통제가 이루어지고 있다고할 수 있을 것이다.

국가가 인민의 보편적 이익이 아닌 특권 계층의 이익을 대변하게 된 현상도 자본에 대한 사회적·민주적 통제가 불균등한 상태에서 비롯된 일이라고 할 수 있다. 왕후이는 이를 "국가 의지가 자본의 통제를 받는 가운데 인민 대중의 요구를 반영할 수 없는" "국가의 자주성 문제"로 이해하는데, 자주성 개념으로는 그 실제적 함의인 자본에 대한 관리 능력과 분배 능력의 불균등성을 지시하기가 어려워 보인다. 가령 왕후이가 충칭사건에서 신자유주의의 부활을 우려한 것은 국가가 세계은행(자본)의 통제를 받는다는 판단에서 기인하는 일이다. 그러나 중국의 개혁개방은 자본으로부터 자주성을 획득하는 과정이라기보다는 자본의 논리에 따르는 신자유주의적인 개혁을 수행하면서도 국내 경제가 다국적 자본에 종속되지 않도록 보호하는 과정이었다. 중국 국무원 발전연구중심과 세계은행이 공동 연구 발표한 「차이나 2030」 보고서의 핵심 방안인 국유기업 민영화, 토지 사유화, 금융 자유화 역시 세계은행의 일방적 요구(자주성의 문제)라기보다는 자본주의 세계 체제의 중심부로 도약하려는 중국이 불가피하게 선택해야 하는 측면과 맞물려 있다고 해야 할 것이다.

왕후이가 우려한 신자유주의의 부활과 관련하여 볼 때 이 문제들은 시진핑 시대의 최대 논란거리가 될 전망이다. 국유기업 민영화는 경제성장 전략이 산업고도화로 전환됨에 따라 부실 국유기업의 개혁과 선별적 민영화가 불가피해 보이지만, 국가 기간산업의 안정적 경영, 신성장산업 분야의 투자와 일자리 창출, 국가 조세수입 확대 등에서 긍정적 역할을 지속적으로 수행할 경우 국유기업의 급진적 개혁은 시도되지 않을 가능성이 크다. 토지 사유화는 이미 토지 사용권의 매각이 허용되고 지방정부의 주요 재정이 지대에서 충당되는 현실에서, 불법적인 매각이 횡행하는 사태를 방지하기 위한 규범화 작업과 아울러 민생안정을 위한 부동산 규제와 공공임대주택에 관한 법규 제정과 연관되어 있다. 금융 자유화는 중국의 외환보유고 활용과 건전한 자본시장 육성을 위한 금융 개방이 필요한 상태이며, 미국 금융위기의 경험을 통해 투기자본과 파생상품을 규제하는 과정 속에서 선진적이고 안정적인 금융시스템의 정착을 유도하고 있다.

이러한 문제들은 시진핑 시대의 새로운 성장 전략인 산업고도화의 문제와 밀접히 관련되어 있다. 개혁의 방향을 둘러싸고 이해관계자 사이의 논란이 예상되지만 자본의 효율적 관리 면에서 탁월한 능력을 발휘한 경험을 고려할 때 안정적인 개혁을 진행할 것으로 보인다. 오히려 문제가 되는 것은 산업고도화를 위해 필수적으로 수반되어야 할 사회적 안전망 구축 및 그와 관련된 분배 능력의 결핍이다. 현재 중국의 산업고도화는 정부의 유인이 아니라 시장(임금상승)의 압박 속에서 빠르게 진행하여 생산성 향상과 고도화가 기업 생존의 필수조건이 되고 있다. 산업고도화 과정에서 시장의 압박을 견디지 못하는 기업과 노동자는 도산과 실업을 겪지 않을 수 없으며, 사회복지시스템이 미비한 상태에서 기본 생활의 유지와 재취업의 난제를 스스로 감당해야 하는 실정이다.

이런 맥락에서 볼 때, 미국 금융위기 이후 "전 지구적 범위에서 신자유주의 경제노선이 중대 위기"에 직면하지만, 중국 내부에 90년대 체제를 대체하거나 적어도 경쟁할 수 있는 새로운 체제가 아직 생성되고 있지 않다는 점도 직시해야 할 것이다. 왕후이 역시 최근의 신자유주의의 위기와 이 과정에서 나타난 중국 내부의 사건들은 단지 90년대의 종언을 상징할 뿐이라는 언급을 통해, 90년대의 종언에 상응할 만한 새로운 체제가 아직 형성되고 있지 않다는 점을 인지한다. 그리고 이러한 체제를 어떻게 형성해야 하는가의 고민을 아래의 문제의식을 통해 드러낸다.

중국의 정치변혁 문제를 고민함에 있어 우리는 이러한 문제들을 고려하여 중국의 민주노선을 구상할 필요가 있다. 구체적으로 말하면, 필자는 적어도 다음 세 가지를 강조하고자 한다. 첫째, 중국은 20세기에 길고도 가장 깊은 혁명을 거쳐왔다. 공정과 사회적 평등에 대한 중국 사회의 요구는 지극히 강렬한데, 이 역사적이고 정치적인 전통은 어떻게 당대 조건하의 민주 요구로 전환되어야 하는가? 즉 무엇이 새 시대의 군중노선 혹은 대중민주주의인가? 둘째, 중국 공산당은 방대하고 거대한 전환을 거친 정당으로서, 그것은 날이 갈수록 국가기관과 하나로 혼합되고 있다. 이 정당 체제를 어떻게 더욱 민주적이 되게 할 것인가? 정당의 역할이 변하고 있는 시점에서 어떻게 국가로 하여금 보편적 이익을 대표할 수 있도록 보증할 것인가? 셋째, 어떻게 새로운 정치 형식을 형성하여 대중사회로 하여금 정치적 능력을 획득하여 신자유주의 시장화가 조성한 '탈정치화' 상태를 극복하게 할 것인가? 중국은 개방적 사회이지만 노동자, 농민 그리고 보통 공민의 공공생활에 대한 참여는 미미하다. 중국은 어떻게 사회의 목소리와 요구를 받아들여 국가 정책의 층위에서 자본의 농단과 요구를 억제할 것인가? 자본의 자유인가, 사회의 자유인가? 이것이 문제의 핵심이다. 양자에는 중대한 차이가 있다. 이것들은 모두 구체적 문제이지만, 중요한 이론적 명제를 포함하기도 하는데, 전 지구화와 시장화라는 조건에서 '무엇이 인민중국의 정치변혁 방향인가?, 라는 문제를 던져주고 있다. 어떻게 개방이라는 조건 아래 중국 사회의 자주성을 형성할 것인가? 보편적 민주주의의 위기 상황에서 이러한 탐색의 전 지구적 의의 역시 명약관화할 것이다.[38]

38 왕후이, 「중국 굴기의 경험과 도전」, 64~65쪽.

왕후이는 이러한 문제의식을 통해 중국의 개혁 모델이 미국이 지배하는 세계적 패권 구조와 달리 전 지구적 차원의 공동발전 모델이 되기 위해서는 경제적 차원을 넘어 정의와 평등을 구현하는 새로운 정치를 창조해야 한다고 주장한다. 여기서 왕후이가 말하는 정치는 서구식 의회민주주의나 중국 공산당의 권위주의적 통치 체제를 통해 구상 가능한 정치가 아니다. 이것은 기존의 정치가 인민의 보편적 이익을 대변하기보다는 특정한 계급의 이익을 보호하는 행위로 전락하고, 민주적 가치 실현을 위한 제도 확립보다는 인민을 통치하는 국가기구로 변질되는 등 정치와 인민이 괴리되는 보편적 민주주의의 위기를 조성하고 있기 때문이다. 왕후이는 이러한 기존 정치를 '탈정치화된 정치'라고 명명하고, 정치의 사회민주주의적 기능을 회복하는 것이 새로운 정치의 기본 조건이라고 인식한다.

왕후이의 이러한 문제의식은 중국 공산당 통치 체제에 대한 비판에서 기인한다. 중국 공산당은 인민의 보편적 이익을 대표하지 못하고 갈수록 국가기관과 혼합된 당-국 체제로 변하고 있다(이것은 중국 경제성장의 성공 요인으로 국가의 역할을 긍정하는 것과는 다른 문제다). 그리고 당-국 체제와 신자유주의 시장화가 조성한 '탈정치화'로 인해 중국 사회와 인민대중은 정치적 능력을 상실하여 공공생활에 대한 참여가 미미한 실정이다. 이러한 진단 속에서 왕후이는 어떻게 탈정치화를 극복하고 인민중국의 정치변혁을 이룩할 것인가가 중국 정치개혁의 방향이라고 인식한다. 왕후이에게 그 대안은 인민과 대중사회의 정치적 능력을 회복하여 당대 조건에 부합하는 인민민주주의의 새로운 정치 형식을 창조하는 일이다. 더 나아가 그는 이러한 새로운 정치를 창조하여 보편적 민주주의의 위기를 극복할 수 있을 때, 비로소 중국 모델은 경제와 정치 영역에서 공히 전 지구적 신자유주의 체제를 초극하는 대안 모델이 될 수 있을 것이라고 생각한다. 「굴기」를 쓴 왕후이의 고민은 바로 새로운 정치 창조에 있는 셈이다.

인민민주정치

문제는 왕후이가 구상하는 인민민주주의 정치를 현 공산당 통치 체제 속에서 실현할 수 있는 방안이 무엇인가 하는 점이다. 인민민주주의 정치가 가능하려면 역동적 정치의식을 지닌 인민이 존재해야 하는데, 탈정치화된 중국 현실 속의 인민은 어떠한 계기를 통해 정치 주체로 전환될 수 있는가? 중국 정부는 지속적 경제성장을 위한 안정적 정치 환경을 조성하기 위해 군중노선을 경계하고 있고, 또 '다당제와 선거'처럼 인민의 요구를 표출할 수 있는 정치제도가 부재한 상태에서, 권위주의 통치 체제에 저항하기 위해 인민이 주체적으로 참여할 수 있는 정치적 통로는 무엇인가? 사회적 불평등과 빈부격차, 열악한 생산조건, 민족차별 등으로 소외받는 사회적 약자의 목소리를 대변하고 이들이 정치 주체로 성장하도록 상호작용할 수 있는 역할은 누가 담당할 것인가?……. 당대 중국의 조건에서 인민민주주의 정치를 제기하려면 이러한 곤혹스런 문제들에 대한 답변이 전제되어야 할 것이다.

인민민주주의 정치에 관해 문제제기를 한 「탈정치화된 정치」(2006년)에서 왕후이는 문화대혁명이 발생한 근본 원인이, 국가의 관료화 혹은 정당의 국가화에 저항하기 위해 인민대중이 정치에 전면적으로 참여하여, 당과 국가의 절대적 권위를 타파하고 새로운 사회 체제를 건설하기 위한 것이었다고 서술한다. 이는 극도로 탈정치화된 중국 현실을 비판하기 위해 사회주의 경험을 끌어들인 것인데, 마찬가지로 문제는 역동적 사회 구조와 정치의식을 지닌 인민대중을 당대 중국의 조건 속에서 어떻게 창조하느냐에 있을 것이다. 하지만 왕후이의 글 속에서는 사회주의 경험에 의지하는 문제제기 이상의 답변을 찾아보기 어렵다. 물론 그는 정치인이 아니라 '비판적 지식인'의 신분으로 발언하기 때문일 수 있지만, 왕후이의 비판 이론 자체에 사유의 구체화를 가로막는 어떠한 자기모순이 내재하는 것은 아닐까?

이 문제를 논의하기 위해선 먼저 20세기 자본의의와 중국 사회주의의 관계에 대한 왕후이의 시각을 검토해볼 필요가 있다. 앞서 살펴보았듯이 왕후이는 중국 사회주의를 서구 자본주의에 저항하는 중국식 현대성의 길이라고 이해한다. 이는 서구의 현대성 혹은 그 경제적 지표로서 자본주의를 인류가 나아가야 할 보편적 방향이 아니라 서구적 맥락에서 생성된 역사적 산물로 간주하기 때문이다. 왕후이의 이러한 시각에서 주목해야 할 점은, '반현대성의 현대성'

　　　　　중국 사상과 대안 근대성

이라고 명명한 중국 사회주의가 자본주의, 더 정확하게는 제국주의에 저항하는 중국적 특수성일 뿐만 아니라, 아울러 비자본주의적 발전을 통해 3대 차별을 일소하여 사회 정의와 평등을 구현한다는 보편적 측면까지 포함한다는 사실이다. 다시 말하면 경제발전과 사회 정의를 동시에 구현하고자 한 중국 사회주의 기획과 그 실천 경험은 20세기 중국의 역사적 특수성을 넘어, 보편적 민주주의의 위기를 극복하기 위한 새로운 정치를 창조하는 데 있어 경험과 유산으로 활용할 수 있다는 것이다. 이런 맥락에서 왕후이는 20세기 중국혁명의 역사와 사회주의 경험을 부정하는 80년대 신계몽주의가 결국 90년대의 전 지구적 자본주의 비판에 무기력하여 신자유주의 사상으로 분화해나간다고 비판하며, 나아가 90년대의 종언을 구현할 새로운 정치를 창조하기 위해서는 사회주의 경험과 유산을 계승하여 당대 조건에 부합하는 인민민주주의 정치로 전환해나가야 한다고 인식한다.

그러나 문제는 중국 사회주의의 비자본주의적 발전이 사회 정의와 평등을 구현하기보다는 오히려 자본주의 사회와 유사한 3대 모순이 지속되고 관료적인 사회 체제를 조성했다는 곤혹스러운 점이다. 일반적으로 우리는 개혁개방 이전 사회주의 시기의 문제가 경제성장이 정체되어 낙후한 데 있다고 생각하지만, 사회주의 시기 전체의 경제지표를 보면 고도성장을 이루었다고 평가할 수 있으며 오히려 더 큰 문제는 고도성장에도 불구하고 중공업과 도시 중심의 발전 전략으로 인해 사회적 불평등이 심화되었다는 점을 지적해야 할 것이다. 또 왕후이는 사회주의 시기 인민민주주의 정치 경험으로서 문혁을 거론하지만 다음과 같은 질문을 피할 수 없다. 문혁이 관료화된 국가와 당을 비판하고 새로운 사회 체제를 창조하기 위해 발생했다면, 문혁 이전의 중국 사회주의 시기는 비자본주의적 발전의 길을 걷지 않은 시기로 봐야 하는가? 또 문혁이 발생 동기에 부합하는 인민민주주의 정치를 구현하지 못하고 오히려 탈정치화라는 의도하지 않은 결과를 조성했다면, 중국 사회주의 시기 가운데 반현대성의 현대성을 실현한 시기는 언제라고 할 수 있는가?……. 왕후이는 중국 사회주의를 비자본주의적 현대성의 길로 규정하지만, 실제로 마오를 포함한 중국 사회주의 건설자들은 비자본주의적 발전을 소유제의 사회주의적 개조를 통해 생산수단을 국유화하는 일로 이해함으로써, 그러한 사회주의 기획 속에 의도하지 않은 결과가 배태될 가능성이 잠재되어 있었던 것은 아닐까. 그리고 이런 자기모순에 대한 적극적인 성찰 없이 중국 사회주의를 자본주의적 현대성에 저항하는 발전 방식으로 규정함에 따라, 중국식 비자본주의적 발전 방식에 내재한 문제점을 분석하거나 20세기 역사 속에서 다른 방식으로 자본주의에 저항한 진보적 노선을 모색하는 일이 주변으로 밀려난 것은 아닐까?

이 문제를 논의하기 위한 하나의 시각으로, 20세기 유럽이 자본주의 위기와 세계대전 그리고 전체주의의 폭력성을 극복하고 복지국가를 건설하는 과정에서 사회민주주의 방식이 수행한 역할에 대한 셰리 버먼의 주장을 경청할 필요가 있다.

전간기와 제2차 세계대전의 비극을 겪고 난 이후의 유럽인들은 시장의 영향력과 지나침을 통제할 수 있고 사회적 연대에 대한 사람들의 열망이 충족될 수 있는 세상을 창조해야 했다. 파시즘과 나치즘이라는 해결책이 동반했던 민주주의의 희생과 자유의 유린 없이 말이다. 전후 시기 동안 등장했던 것이 바로 그런 체제다. 비록 오늘날 그것이 자유주의가 수정된 혹은 [자유주의가 사회적으로 뿌리내린] '내장된embedded' 형태로 이해되지만, 이는 근원과 특성 모두를 매우 잘못 이해하고 있는 것이다. 전후 들불처럼 퍼져 나갔던 체제는 사실 자유주의의 업데이트 판이 아니라, 무언가 분명 다른 것이었다. 그것은 사회민주주의였다. 제2차 세계대전이 끝날 무렵, 사회민주주의는 이미 그 이전의 10년 동안 유럽의 북쪽 주변부에서 자신들의 첫 번째 정치적 승리를 쟁취하고 있었다. 자유주의와 정통 마르크스주의의 경제중심주의와 수동성을 거부하면서, 그리고 파시즘과 민족사회주의자의 폭력성을 회피하면서, 사회민주주의는 정치의 우선성과 공동체주의에 대한 믿음(경제적 힘이 아닌 정치적 힘이 역사의 동력이 될 수 있으며 또 그렇게 되어야 한다는 확신, 그리고 사회의 '욕구'와 '행복'은 보호되고 배양되어야 한다는 확신) 위에 세워졌으며, 사회주의의 비마르크스주의적 비전을 나타냈다. 그것은 20세기의 가장 성공적인 이데올로기이자 운동이었다. 즉 사회민주주의의 원리와 정책은 이제까지 공존할 수 없는 것처럼 보였던 것들(잘 작동하는 자본주의 체제와 민주주의, 그리고 사회적 안정)을 융화시킴으로써, 유럽 역사상 가장 번성하고 조화로웠던 시기를 뒷받

침한 것이다.**39**

버먼은 20세기 역사를 영미식 자본주의와 소련식 사회주의의
양대 세력이 상호 대립하는 과정으로 이해하는 일반적인 시각에서
벗어나, 스웨덴을 대표로 하는 사회민주주의가 양대 세력과의 실
천 경쟁을 통해 유럽의 복지국가를 형성했을 뿐만 아니라 제2차 세
계대전 이후 형성된 새로운 국가-시장-사회의 관계는 근본적으로
"근대화가 파괴했던 사회적 통합을 정치적 수단으로 재창조"해내는
것을 목표로 한 사회민주주의적인 것이었다고 인식한다. 물론 버먼
의 이러한 주장은 서구 사회를 배경으로 하는 것이다. 하지만 버먼
이 주장하는 사회민주주의적 발전 방식, 즉 경제중심주의보다 사회
적 통합을 위한 정치의 역할을 우선하고, 자본주의적 생산력을 수용
하면서 동시에 그 생산물이 사회 분배가 되도록 통제하고, 계급 대
립보다는 계급 교차적 협력을 통해 공동체 사회를 이
루어나가는 방식은 왕후이가 고민하는 새로운 정치
창조의 방향과 통할 수 있는 부분으로 보인다.

지금의 중국 정치 현실을 고려할 때 왕후이가 구
상하는 인민민주주의 정치**40**를 단기간에 실현하기
는 불가능해 보인다. 공산당이 개혁의 주도권을 쥐고
'중국 특색의 민주주의'를 진행하려는 상황에서, 어쩌
면 국가와 정치를 통해 사회를 변화시킬 수 있다고 주
장하는 버먼의 사회민주주의가 왕후이의 인민민주주

39 셰리 버먼, 김유진 옮
김, 『정치가 우선한다: 사
회민주주의와 20세기 유럽
의 형성』, 후마니타스, 2010,
17~18쪽.
40 왕후이는 「代表性的
斷裂」(2011)에서 '탈정치화
의 정치'의 연속선상에서 평
등정치를 실현하기 위한 문
제제기를 하는데, 이 글 역시
필자가 지적하는 왕후이 비
판 이론의 체계 안에서 논의
를 진행하고 있다.

중국 사상과 대안 근대성

의 방식보다 더 현실적이고 효과적인 개혁 방향이 될 수 있지 않을까? 물론 이것이 진정한 민주개혁의 방식이 되기 위해선, 공산당의 정치개혁이 특정 계급의 이익 실현이 아니라 사회 분배와 공동체 사회를 실현하는 보편적 복지국가의 방향으로 정립되어야 할 것이다. 그리고 공산당을 이러한 개혁 방향으로 나아가게 하기 위해선 공산당의 권위주의 통치에 저항하는 사회운동과 인민대중의 정치 참여가 이루어지는 '신민주적 정치 공간'이 동시적으로 창출되어야 할 것이다.**41**

최근의 포스트사회주의 중국의 핵심 가치를 공동부유사회 건설로 인식하는 정책 및 그와 직간접적으로 연계된 이론들을 보면, 생산수단의 사회화를 사회주의의 기본 전제로 인식하는 전통적 이론의 틀에서 벗어나 있다. 이들은 소자산 계층과 그 재산권의 인정·확대를 통해 인민의 기본 생계와 사회 안정의 근간을 마련하고, 국유자산의 수익을 사회복지 및 공공서비스의 재원으로 활용하려는 공통점을 지닌다. 과거 사회주의 중국이 무산자혁명론에 기대고 있었다면, 지금은 부유하고 자유로운 개인들의 연합체 건설을 꿈꾸는 이른바 유산자혁명으로 나아가고 있는 것이다. 그 구체적인 정책으로 자본주의와 사회주의 정책이 연계된 혼합 발전 및 민생국가 건설을, 현재 중국의 조건에서 실천 가능한 대안 세계의 길로 인식하고 있다.

이러한 최근의 변화들을 고려할 때 당대 중국의 현실에서 새로운 정치를 창조하기 위해 왕후이에게

41 이에 대해서는 조희연, 「개혁개방 이후 중국 당-국가 체제의 위기와 '중국 특색의 민주주의'」, 《민주사회와 정책연구》, 2012년 상반기 참고.

필요한 일은, 역설적으로 중국 사회주의에 대한 원리주의적 접근을 지양하는 것이다. 그리고 이러한 성찰을 통해 인민민주주의 정치에 대한 기획과 그것을 실현하는 정치화 과정을 통합적으로 사유할 수 있을 때, 비로소 당대 중국의 조건에 부합하는 책임윤리의 정치이론을 서술할 수 있을 것이다.

주요 용어 사전

교토학파

1920년대에서 1940년대까지 나이토 코난, 미야자키 이치사다 등이 주축이 된 학파로, 서구 근대성론에서 벗어나 '당송변혁', '송대 자본주의', '동양적 근세' 등의 중요한 명제를 제출하며 중국 역사 내부에서 근대적 동력을 발견하려고 했다. 교토학파는 중국적 근세의 역사적 근거로 송대에 성숙한 군현제 민족국가, 상업경제, 원거리 국제무역, 도시의 발전, 평민주의적 계층관계와 사회문화, 고도로 발달한 행정 체계 등의 형성과 특히 한당의 다민족 제국 정체성과는 다른 준-민족국가 및 평민주의, 개인주의, 반종교적 세속주의 등의 가치를 지닌 세계관으로서 주자학이 성립되었다는 점을 강조하였다. 그리고 중국을 중심으로 한 동아시아 지역이 자체의 근대성 동력과 발전노선을 지니는 역사 세계이며 그 최종 귀착지가 일본이 된다는 시각을 구축하였다.

역사적 근대

역사적 근대는 위기에 빠진 서구 중심적 근대성론을 비판적으로 성찰하며, 그것이 부정했던 비서구의 내재적 역사를 복권하여 전 지구적 차원에서 보편적 근대성을 재정립하기 위한 시각이다. 역사적 근대의 내부는 각 지역의 내재적 발전 과정을 통해 형성된 초기 근대, 서구 근대와의 조우 이후에 형성된 식민/피식민 근대, 식민 시대 이후 전 지구적 차원에서 모색하고 있는 탈서구 근대 등의 시기로 구분될 수 있다. 역사적 근대의 내부 시기 구분으로 보자면, 교토학파가 제기한 송대나 유럽사의 1450~1640년은 초기 근대에 해당하며, 서구 근대성론에서 말하는 본격 근대는 식민/피식민 근대에 해당하고, 탈서구 근대는 현재 세계 여러 지역에서 모색 중이며 왕후이가 발견하려고 하는 대안 근대 역시 여기에 해당한다.

대안 근대성alternative modernity

다중 근대성multiple modernities과 더불어 대안 근대성은 역사적 근대론들 가운데 가장 주목할 만한 시각이다. 다중 근대성론은 1998년 《다이달로스》 "초기 근대성" 특집호에 처음 그 진용을 드러냈는데, 아이젠슈타트, 비트록, 아나슨 등 비교역사 사회학자들이 이 입장을 대표한다. 이들은 비서구 근대성의 전개 양상에 주목하며 근대성의 문명적 다중성을 강조한다. 대안 근대성론은 문화이론, 문예-정치 비평, 인류학 등 다양한 영역에서 제기되고 있는데, 주로 서구 내의 소수 인종사회 또는 이민자사회에서의 다채로운 근대성의 표출 양상에 관심을 갖는다. 두 시각은 근대성을 단수가 아닌 복수로 이해하면서 대안적 근대성 패러다임을 모색한다는 점에서 동일하다. 그러나 새롭게 정립하고자 하는 근대성이 무엇인지 불분명하여 복수 지역의 문화 차이만을 강조하는 근대 다원주의에 빠지거나, 혹은 서구 근대성을 기준으로 비서구 근대성의 경로를 탐구하여 서구 근대성의 테두리를 벗어나지 못하는 한계를 내재하고 있다.

예악과 제도의 분화

왕후이가 유학의 도덕 실천의 역사를 설명하기 위해 발견한 개념이다. 이 개념은 구양수가 『신당서』 「예악지」에서 삼대 이후 천하에 예악이 전해지지 않아 후세에 예악에서 연원하지 않는 제도가 만들어졌다고 비판한 구절에서 발상한 것이다. 구양수는 이러한 관점을 통해 삼대와 진한수당의 근본적 차이를 기술하고 송대 사회의 문제를 비판하는 기준으로 삼는다. 왕후이는 예악(예악에서 연원한 제도)과 예악의 이념이 사라진 제도의 구분을 송대 유학자들이 일반적으로 수용한 관점이라고 이해하고, 나아가 예악과 제도가 분화된 세상을 다시 합일시키는 일이 유학의 보편적 실천 원리라고 해석한다. 그리고 예악과 제도의 분화에서 봉건제/군현제, 정전제/사유제, 학교/과거, 내외관계 등 삼대와 후세의 차이를 구분하는 유학의 비판적 상상과 실천 원리를 정립한다.

유교보편주의

유학의 변화는 그 경전 원리와 사회 변화 사이에서 부단히 나타나는 모순과 장력 속에서 일어나게 된다. 유학 의리와 명제에 대한 사회 변천의 도전에 적응하기 위하여 각 시대의 유학자들은 풍부한 경학 해석학을 발전시켜왔으며, 이를 통해 유학의 만세법으로서의 지위를 유지해왔다. 유학자들은 유학의 보편적 적용 가능성을 위해 노력했으며 그 과정에서 유학 형태의 끊임없는 변화가 일어났다. 유학보편주의는 유학자의 입장과 사회적 배경, 그리고 유학 경전 사이의 반복적 조율·임기응변·유연한 해석 등으로부터 나온 것이다. 특히 금문경학은 제국 체제의 확립과 예의·풍속의 변화, 그리고 지역 확장으로 인해 발생한 족군관계 등에 적응하기 위하여 복잡한 경전 해석의 방식을 발전시켜왔다. 삼통·삼세·내외·개제 등의 경학 주제에 대한 해석 및 현실과 유학 원전 사이에 내재된 모순의 타협을 통해서 유학보편주의를 재건하였다.

시세時勢

시세는 본래 시와 세가 개별적으로 사용되다가 송대에 이르러 결합하여 사용되기 시

중국 사상과 대안 근대성

작한 개념이다. 시란 시대 및 그 변화를 표시하며 시세 변화에 대한 적응을 말한다. 세는 물질적 변화를 지배하는 자연적 추세 혹은 자연적 역량을 가리키는데, 이러한 자연적 추세나 자연적 역량은 항상 자아실현을 촉진하는 인물, 제도, 사건 자체에서 구체화되는 것이지 물질적 과정 자체와 동일시할 수 있는 것이 아니다. 유학은 비록 복고주의적 정치 이상을 추구했지만 이러한 시세 개념하에서 이상을 실현할 수 있는 방안에 대해 사유했기 때문에, 경전을 고수하거나 모방하는 원리주의자와는 같지 않다. 일반적으로 중국은 삼대를 이상세계로 설정하는 복고적 시간관과 '일치일란一治一亂'의 순환론적 역사관을 지닌다고 이해되곤 한다. 그러나 이것은 유학적 세계관 속의 복고와 순환이 단순히 과거로의 회귀가 아니라 '생생生生' 혹은 '자생自生'적 역사관과 자연관에 의한 끊임없는 변화의 산물이라는 사실을 간과한 것이다. 시세 개념은 유학 사상의 발전 속에서 사람들의 시선을 거의 끌지 못했지만, 역사와 그 변화를 자연적 범주로 편입시켜 주체적 역사 행동을 위한 공간을 제공하였다.

공리公理적 세계관

청말 금문경학의 유학보편주의가 청일전쟁에서의 패배로 인해 그 실효성이 의심되면서 새로운 세계관과 지식 체계를 수용하여 근대적 개혁 방안을 확립하는 일이 절박한 과제로 다가왔다. 중국 근대 지식인들은 주자학의 천리적 세계관을 부정하고, 서구와 중국에 보편적으로 통하는 원리인 공리를 통해 사회정치제도의 새로운 합법성 기준을 정립하려고 했다. 그들이 추구한 공리는 생존경쟁, 자연선택, 적자생존을 핵심으로 하는 사회진화론이었고, 개혁 방안으로 국가의 부강, 집체, 시장경제 등의 정당성을 주장하였다.

신청사新淸史

다원적 제국은 민족국가 중심의 역사 서술을 비판하고 제국의 역사적 경험들, 즉 다민족이 공존하는 제국의 정치 구조와 문화적 정체성 및 제국이 근대적 국가로 전환하는 동력 등을 연구하는 시각이다. 70년대 이래 다원적 제국의 시각은 중국의 재발견 작업의 일환으로 진행된 미국의 신청사 연구와 밀접히 연계된다. 신청사는 청대를 전통과 근대로 구분하지 않고 하나의 제국 전체로 보며, 명청의 구분을 뛰어넘는 이 새로운 시대를 '제국 후기', '초기 근대', '초기 근대성'이라고 지칭한다. 신청사의 시각이 우위를 점하면서 연구 영역도 제국의 변경 팽창사 방면으로 확장된다. 중국을 19세기 말 서양이나 일본 제국주의의 수동적 피해자로 보는 대신에, 18세기에는 가장 활발했고 19세기와 20세기 초까지도 적극적이었던 제국주의 행위의 참여자로 인식한다. 그리고 탈식민주의 비평의 시각에서 청대가 근대 한족 국가의 출현을 위한 긴 도입부이며 민족국가 역사의 필연적인 결말이라는 청대 역사의 한족화 관점을 비판한다. 이는 청대의 중국 정체성을 종족과 지역을 넘어 다원적 제국 정체성으로 이해하려는 시도로 '유라시아적 시각으로의 전환'과 연계되어 있다. 즉 청은 고립된 세계가 아니라 국제 정치경제와 생태환경 면에서 유라시아 세계와 연결되어 있었으며, 새로운 통신 기술에 도움을 받은 행정적 중앙집권화, 계획적인 다민족적 구성 요소, 적극적인 영토 개척 면에서 오스만 제국과 무굴 제국, 로마노프 왕조, 심지어 나폴레옹 시대의 영토를 기반으로 하는 제국들과 대체로 유사하다고 인식한다.

화이지변華夷之辨

화이지변은 본래 문명적으로 우월한 중화와 야만적인 이적을 구별하여 문명의 유무로 이민족에 대한 한족 지배를 정당화하는 논리였다. 그런데 청나라의 경우처럼 이민족이 중화를 지배하는 비정상적인 상황하에서 화이지변은 현재의 통치가 '이단에 의한 지배'임을 드러내어 이민족을 몰아내고 '정통'인 한족의 중화를 회복해야 한다는 저항의 논리로 작용했다. 이것은 한족의 입장에서 화이지변을 활용하는 방식인데, 중화를 점령한 이민족도 지배의 정당성을 확립하는 논리로 이것을 활용할 수 있었다. 만주왕조는 덕조를 상실한 명나라를 대신하여 중화문명을 구현하고 추락해가는 중화세계를 구제했다는 논리를 통해 그 지배의 정통성을 강조했다. 즉 문명 수준이 높은 한족이 야만적인 이로 전락하고 만주족이 덕조를 상실해가는 중원을 구원한 화로 승격되었던 것이다. 화이지변은 한족의 입장을 정당화하기 위해 고안된 논리였지만 그 기준이 민족이 아니라 문명의 유무로 판단될 경우, 한족뿐만 아니라 이민족도 지배의 정당성을 주장하는 양날의 칼로 작용할 수 있었던 것이다.

대일통大一統

대일통은 본래 주나라 시대에 각지에 할거하던 제후세력들을 주나라 황실 아래 하나로 통일시키고자 한 중화 내부의 통치 이념이었으나, 이후에는 야만스런 이민족까지 중화세계의 판도에 편입시켜 덕을 갖춘 황제에 의해 '왕도 통치'를 하는 제국질서의

중국 사상과 대안 근대성

원리로 확대된 것이다. 대일통은 한족의 제국 통치를 정복이 아니라 '천하일가'인 대동 세계에 귀순하여 대가족의 성원이 되는 일로 정당화하는 논리인데, 청나라 역시 자신의 중화제국 통치를 무력의 힘이 아니라 몰락한 한족을 대신하여 대일통 세계를 건설하는 것으로 정당화할 수 있었다. 대일통의 정통성을 계승하여 사해일가의 중화제국을 이룩한 상황에서는 민족의 구별보다 문명 세계 구성원으로서의 일체감이 더욱 중요하게 작용했기 때문이다. 대일통은 중화문명을 외부세계로 확장해나가는 정당성을 구축하는 논리였지만, 청나라는 이것을 몰락한 한족을 대신하여 중화문명과 중화제국을 지배하는 주체로서 자신을 정당화하는 논리로 활용할 수 있었다. 그래서 대일통은 한족이 독점하는 논리라기보다는 문명의 우월성과 정치적 주도권을 지닌 민족이라면 누구라도 자신의 정당성을 주장할 수 있는 가변적인 논리라고 해야 할 것이다. 물론 이것은 문명과 권력을 장악한 세력이 주변 세계에 대한 정복과 지배를 정당화할 뿐이며, 피정복 민족의 입장이 반영되지 않은 강자의 논리라는 점도 부인할 수 없다.

제국의 중국화
왕후이 제국론의 핵심 개념으로 한족을 포함한 다민족이 제국을 만들어가는 방향성을 지칭한 용어이다. 제국의 중국화의 특징은 다음과 같다. 첫째, 정복 왕조는 중원을 지배한 후 자신의 민족 특성을 유지하면서 동시에 자신의 합법성을 중국 왕조의 계보위에 건립하였다. 금, 원, 만주 통치자는 의식, 법률, 제도 및 경학 해석을 통해 중국 왕조로서의 합법성을 확립했는데, 그들이 정립한 중국 개념을 통해 중국의 정체성이 역사적으로 변화하고 다원적인 함의를 지니게 된다. 둘째, 왕조의 중국화는 일방적 정복 과정이 아니라 복잡한 승인의 관계를 지닌다. 이 승인관계는 중원 지역의 인민이 왕조의 정통을 승인하는 것뿐만 아니라 주변 국가로부터 조공관계와 외교관계를 통해 중국 왕조로 승인받는 과정을 포함한다. 셋째, 중국화는 왕조 내부의 이민, 통혼, 풍속 변천, 제도 조정과 사회 유동이 일상생활의 기초가 되는데 이러한 변화와 융합은 이슬람화, 몽고화, 만주화, 한족화 과정을 포함하지만 왕조 건설 과정에서 이런 요소들은 최종적으로 중국화의 방향으로 나아간다. 넷째, 이러한 복잡하고 다변적인 역사 과정은 중국 문명의 개방성 속에서 해석되어야 하며, 왕조 변천의 과정에서 볼 때 개방성은 종교, 문화 및 기타 정체성의 다양성을 승인하는 것이 문명정치임을 의미한다. 왕후이는 『흥기」 이후 '트랜스시스템사회' 개념을 구성하여, 중국화는 중국의 통일성 혹은 단일한 정치체가 아니라 종족, 종교, 언어 및 문명을 융합하는 것이라고 해석한다. 이는 유교문명권 혹은 한자문화권과 같은 단일 문명의 범주와 다른 정치공동체로, 이질성과 동질성이 역동적 관계를 이루는 과정 속에서 중국과 그 정치문화를 이해하는 방식이라고 할 수 있다.

중국 사상과 대안 근대성

저서

- 『現代中國思想的興起)』(2004)
- 『死火重溫』(2000)
  - 『죽은 불 다시 살아나: 현대성에 저항하는 현대성』, 김택규 옮김, 삼인(2005)
- 『去政治化的政治: 短20世紀的終結與90年代』(2008)
  - 『탈정치시대의 정치』, 성근제·김진공·이현정 옮김, 돌베개(2014)
- 『亞洲視野』(2010)
  - 『아시아는 세계다』, 송인재 옮김, 글항아리(2011)
- 『反抗絶望: 魯迅及其文學世界』(1988)
  - 『절망에 반항하라』, 송인재 옮김, 글항아리(2014)
- 『阿Q生命中的六个瞬间』(2014)
  - 『아Q 생명의 여섯 순간: 왕후이의 아Q정전 새로 읽기』, 김영문 옮김, 너머북스(2015)
- 『새로운 아시아를 상상한다』, 이욱연 옮김, 창비(2003)

더 읽을 책

- 『맹자의 땀 성왕의 피: 중층근대와 동아시아 유교문명』, 김상준, 아카넷(2016)
- 『정치가 우선한다: 사회민주주의와 20세기 유럽의 형성』, 셰리 버먼, 김유진 옮김, 후마니타스(2010)
- 『제국』, 이삼성, 소화(2014)
- 『하버드 중국사 청, 중국 최후의 제국』, 윌리엄 T. 로, 기세찬 옮김, 너머북스(2014)
- 『미야지마 히로시 나의 한국사 공부: 한국사의 새로운 이해를 찾아서』, 미야지마 히로시, 너머북스(2013)
- 『역사 속의 성리학』, 피터 볼, 김영민 옮김, 예문서원(2010)

- 『중국 제국을 움직인 네 가지 힘』, 미조구치 유조 외, 조영렬 옮김, 글항아리(2012)
- 『성리학에서 고증학으로』, 벤저민 엘먼, 양휘웅 옮김, 예문서원(2004)
- 『춘추논쟁』, 김동민, 글항아리(2014)
- 『중국 사상사』 1, 2, 거자오광, 이등연 외 옮김, 일빛(2015)

찾아보기

'우리시대 고전읽기/질문총서'를 펴내며

오늘날 우리 사회에서 새삼스럽게 화두가 되고 있는 것이 '고전'이다. 왜 고전인가? 미래가 불투명한 현실에서 고전은 하나의 등불처럼 미래의 방향을 비춰주고, 개인의 암울한 장래 앞에서 고전은 한 줄기 빛처럼 세상의 어둠을 밝혀주는 안내자의 역할을 할 수 있을 것으로 여겨지기 때문이다. 어쩌면 고전이 시대의 화두라는 말은 이 시대 자체가 나아가야 할 목표와 좌표를 상실한 암담한 시대라는 사실을 방증하는 것일지 모른다. 게오르그 루카치의 말처럼 현재가 별이 빛나는 창공을 지도 삼아 갈 수 있는 행복한 서사시적 시대라고 한다면, 고전은 존재하지 않아도 무방하리라. 하지만 '고전'은 그런 시대의 행복한 조화가 깨어지고 우리 자신이 시대와 불화하고 서로 어긋나는 소설 시대의 산물에 다름 아니다.

　우리는 너무 쉽게 고전을 시대 현실과 동떨어진 대척점에 놓으려는 유혹에 빠지곤 한다. 정말 고전은 우리 현실과 대립하는 위치에 서서 미래를 비춰줄 찬란한 등불과 같은 것인가? 이 질문에 긍정으로 대답하면 우리는 고전을 그것을 산출한 시대적 현실과 연결된 살아 있는 생물체로 보지 못하고 그 현실과 분리된 물신화된 화석으로 간주할 가능성이 다분하다. 언제부터인가 고전은 시간을 뛰어넘는 '모방의 전범'으로, 또 19세기 매슈 아널드가 말한 '세상에서 말해지고 생각된 최고의 것', 즉 교양을 얻을 수 있는 최고의 원천으로 간주되기 시작했다. 나아가서 고전은 '변화와 상대성에 저항하는 보루'로서 시대를 초월하는 인간의 보편적 가치를 담지한 작품으로 정전화되어왔다. 하지만 시대와 장소를 뛰어넘어 통용되는 초월적 '보편성'이란 우리시대가 필요해서 창안한 관념일 뿐 실제 존재하지 않는다. 고전의 화석화에 저항하는 당대적 현실과, 고전이 정전화될 때 간섭하는 권력의 존재를 감안한다면, 그와 같은 초월적 보편성의 이념은 이데올로기적 허구에 가깝다.

'우리시대 고전읽기/질문총서'는 이러한 절대적이고 초월적인 보편으로서 고전의 허구성을 비판하기 위해서는 무엇보다 먼저 우리시대의 문제적 텍스트들을 읽는 연습이 절실하다는 생각에서 기획되었다. 그 문제적 텍스트가 시대적 현실 속에서 살아 움직이는 실체임을 깨닫게 될 때, 즉 그 텍스트들이 당대의 현실에 어떤 질문을 던지고 있는지, 그 질문을 서사적으로 어떻게 풀어나가는지, 그리고 그 질문이 어떻게 새로운 대안으로 연결될 수 있는지 보다 생생하게 읽어내는 방식을 체득하게 될 때, 우리는 현재의 삶이 제기하는 문제들에 보다 적극적으로 대응할 수 있을 것이다. 뿐만 아니라 우리시대의 고전을 제대로 읽을 수 있을 때 우리는 과거의 고전들에 대해서도 예전과는 전혀 판이한 해석을 할 수 있다. 왜냐하면 이러한 읽기는 고전을 당대의 생생한 현실 속으로 되돌려놓을 수 있을 뿐만 아니라 그 고전을 산출한 과거의 지적 공간을 오늘날의 지적 공간 안에 편입시킴으로써 그 고전을 우리시대의 고전으로 새롭게 창조할 수 있는 방법을 모색하는 데 큰 도움이 될 것이기 때문이다.

　우리시대의 고전을 읽는 이점은 여기에만 그치지 않는다. 과거의 고전들이 수많은 공간적.장소적.횡단적 차이들에서 벗어나 어떤 목적적 시간성에 의지하고, 나아가 종국에는 시간성 자체를 초월하여 해석되는 경향이 없지 않았다면, 우리시대의 고전은 철저하게 그 고전을 산출한 시공간의 장소성에서 벗어나서 해석될 수 없음을 깨닫게 해준다. 또한 이러한 장소성에 대한 자각은 고전의 정전화 과정 속에 침투해 있는 다양한 권력과 이데올로기들을 드러내준다. 그 중 가장 대표적인 것이 서구중심주의와 그에 기대고 있는 민족주의이다. 서구의 발전을 이상적 준거틀로 삼는 서구중심주의든, 서구에 대항한다는 명목으로 서구적 모델을 자기 내부에서 찾고자 하는 민족주의든 모두 고전을 서구적 모델의 견지에서 인식해왔다. 그 결과 서구의 고전은 이상적 모델로 보편화되었고 비서구나 주변부의 고전들은 서구적 수준에 미달하는 것으로 억압되거나 아예 목록에서 제외되었다. 우리시대의 고전을 보다 철저히 읽어야 하는 이유는 바로 이런 서구중심주의의 단일보편성을 비판하는 한편 주변부에 다양한 '보편적' 텍스트들이 존재함을 재인식하는 데 있다. 요컨대 '우리시대 고전읽기/질문총서'는 단일보편성의 상대화와 주변의 다양한 보편들에 대한 인정을 지향한다. 고전을 해당 시대가 제기한 핵심적 질문에 나름의 진단과 대안을 제시하는 중요하고 문제적인 텍스트라고 간단히 규정할 때, 오늘날 비서구와 주변부에서 제기되는

　　　　　　　　　　　　　중국 사상과 대안 근대성

중요한 질문들을 다루는 그런 텍스트들을 발굴하고 견인하는 것은 필연적이다.

　결론적으로 말해, 우리시대의 살아 있는 고전을 읽는 작업은 이중적 과제를 수행한다. 그것은 한편으로는 과거의 고전을 당대와 현재의 생생한 현실 속으로 다시 가져와 그것이 제기하는 질문을 여전히 살아 있는 질문으로 계승함으로써 모든 고전이 결국 우리시대의 고전임을 깨닫게 하는 것이고, 다른 한편으로는 우리시대의 고전들이 던지는 질문과 답변들을 꾸준히 우리 자신의 것으로 체화함으로써 우리로 하여금 미래의 고전에 대한 새로운 창안자가 되도록 하는 것이다. '우리시대 고전읽기/질문총서'는 바로 이런 과제에 기여하는 것을 꿈꾸고자 한다.

부산대학교 인문학연구소